小学音乐
教学方法与策略研究

余晓情 著

北方文艺出版社
哈尔滨

图书在版编目（CIP）数据

小学音乐教学方法与策略研究 / 余晓情著 . -- 哈尔滨 : 北方文艺出版社 , 2022.6
ISBN 978-7-5317-5608-8

Ⅰ . ①小… Ⅱ . ①余… Ⅲ . ①音乐课 - 教学研究 - 小学 Ⅳ . ① G623.712

中国版本图书馆 CIP 数据核字 (2022) 第 095817 号

小学音乐教学方法与策略研究
XIAOXUE YINYUE JIAOXUE FANGFA YU CELÜE YANJIU

作　者 / 余晓情
责任编辑 / 刘佳琪
封面设计 / 安　吉

出版发行 / 北方文艺出版社
发行电话 / (0451) 86825533
地　址 / 哈尔滨市南岗区宣庆小区 1 号楼
邮　编 / 150008
经　销 / 新华书店
网　址 / www.bfwy.com

印　刷 / 三河市元兴印务有限公司
字　数 / 194 千
版　次 / 2022 年 6 月第 1 版
开　本 / 710mm × 1000mm　1/ 16
印　张 / 13.25
印　次 / 2023 年 1 月第 2 次印刷

书　号 / ISBN 978-7-5317-5608-8
定　价 / 50.00 元

前　言

音乐是人类社会发展到一定阶段的产物，是人类文明不可分割的一部分。在人类文化地域性差异形成的时候，音乐的差异性也随之产生。音乐文化的根本差异在于人们宇宙观、世界观的不同，它们在音乐文化的发展过程中起着主导作用。随着现代社会的不断发展，越来越多的家长开始重视孩子的艺术培养，他们在孩子身上花费了大量的资金，期望孩子以后在社会上能找到好的工作。这就需要相关教育专家不断地进行探索和创新，让现在的孩子更好地适应现代社会。只有把艺术和科学创新联系在一起，才能更好地增强艺术对孩子的影响，这不但能让孩子学会一门艺术，更对孩子未来的发展有着积极的促进作用。

小学音乐教学要培养学生的音乐核心素质、审美能力，培养学生的情操，因此教师要通过多种教学方法提高小学音乐教学的质量和效率。随着《义务教育音乐课程标准（2011 年版）》的颁布与新课程的实施，我国音乐基础教育进入一个具有里程碑意义的新的发展时期。音乐新课程的精髓，在于创新，在于运用新的音乐教育理念创新音乐教学。课程改革通过教学实践探讨培养学生创造性和艺术个性的教学策略与方法，对达成艺术教育目标、实现艺术教学的有效性具有重要作用。但不论课程改革的观念有多新颖，不论培养人的蓝图描绘得多美好，如果不能落实到教学中，使之转化为教师自觉的教学行为，课程改革都将流于形式、徒劳无功。音乐教学理念转化是教师教学行为的重要内容之一。鉴于音乐艺术的特殊形式，音乐教学更需要注重策略，而寻求教学策略变革的过程，也是教学手段实施的过程。

为了提高小学音乐教学的质量，进一步推进基础教育音乐课程改革，也为了满足音乐学（师范）专业的教材需求，以及广大一线音乐教师提高音乐教学设计水平的需求，特编写此书。本书是一部全方位研究小学音乐教学方法与策略的著述，既有理论研究也有教学实践及案例。书中包括小学音乐教学基础理论、小学音乐教学设计的方法与策略、小学音乐创造力教学的方法与策略、小学音乐“感受与欣赏”领域学习策略、小学音乐“表现”领域学习策略，以及基于小学音乐视角的学生有效学习与教师学科教学能力提高等内容。

总的来说，本书主要通过言简意赅的语言、丰富全面的知识点及清晰系统的结构，对小学音乐教学方法与策略进行了全面且深入的分析与研究，充分体现了科学性、发展性、实用性、针对性等，希望能够为小学音乐研究提供参考。

目　　录

第一章　小学音乐教学基础理论…………………………………… 1

第一节　小学音乐教育的重要意义 …………………………………… 1

第二节　小学音乐课程的性质与价值 ………………………………… 3

第三节　小学音乐教学的主要特点 …………………………………… 4

第四节　小学音乐教学的基本原则 ………………………………… 10

第二章　小学音乐教学设计的方法与策略……………………… 27

第一节　教学设计 ……………………………………………………… 27

第二节　各环节的设计 ………………………………………………… 36

第三章　小学音乐创造力教学的方法与策略…………………… 47

第一节　音乐创造力教学中的教师、学生和环境 ………………… 47

第二节　创造力及音乐创造力的教学模式 ………………………… 52

第三节　小学音乐创造力教学的内容 ……………………………… 57

第四节　小学阶段音乐创造过程的特点 …………………………… 61

第五节　小学音乐创造力教学的方法与策略 ……………………… 63

第四章　小学音乐“感受与欣赏”领域学习策略……………… 75

第一节　“音乐表现要素”学习策略 ……………………………… 75

第二节　“音乐情绪与情感”学习策略 …………………………… 86

第三节　“音乐体裁与形式”学习策略 …………………………… 90

第四节　“音乐风格与流派”学习策略 …………………………… 99

第五章　小学音乐“表现”领域学习策略……………………… 105

第一节　“演唱”学习策略 ………………………………………… 105

第二节　“演奏”学习策略 …………………………………… 137
第三节　“综合性艺术表演”学习策略 ………………………… 152
第四节　“识读乐谱”学习策略 ………………………………… 166

第六章　基于小学音乐视角的学生有效学习与教师学科教学能力提高 …………………………………… 181

第一节　学生有效学习与教师课堂教学实施能力提高 ………… 181
第二节　学生有效学习与教师学习评价能力提高 ……………… 191

参考文献 ………………………………………………… 203

第一章　小学音乐教学基础理论

学习小学音乐教学法的目的，是认识小学音乐教学的一般规律，了解并掌握有关小学音乐教学的基础知识和基本技能，为成为一名合格的小学音乐教师奠定良好的理论基础。

第一节　小学音乐教育的重要意义

一、音乐教育是小学教育的重要组成部分

小学教育是国民基础教育的重要阶段，作为国民基础教育的义务教育的一部分，其目的是把全体学生培养为社会主义的建设者和接班人，以提高全体人民的文化素质。

音乐教育是小学教育的重要组成部分，其目的是提高全体人民的音乐文化素质，为我国音乐艺术的进一步发展奠定基础。音乐教育不但可以培养学生对音乐的感受力、鉴赏力、表现力和创造力，还能培养学生的优良品德和情操，能使他们的智力及其他能力得到发展与提高，又能促进学生身心的健康发展。

二、音乐教育是实施美育的重要途径

美育的目的是培养学生对自然、社会生活、艺术的审美能力和创造美的能力。对美的正确感受和创造，是健康的思想意识和情感及良好的文化修养的一种表现。因此，美育是社会主义教育的重要组成部分。

学生在成长过程中会得到各方面的美的熏陶。在对学生进行德智体美教育的过程中，在学生接触社会现实及日常生活的过程中，各种具体的形象都会给学生以美的熏陶。因此，对学生实施的美的教育，是通过各种途径进行的。

小学音乐教育包括音乐课堂教学和课外音乐活动，通过音乐艺术的手段对学生进行生动形象的审美教育。音乐教育以音乐艺术的形式美、内容美和富有情感的音乐艺术形象，直接对学生进行美的教育。具有美感的音乐形象能为学生提供情感体验的意境，学生在情感体验中，能正确地认识客观世界，感受音乐艺术形象中的崇高思想，形成高尚、美好的道德观念和行为规范。同时，音乐的审美活动能使学生具有感受美、鉴赏美、表现美和创造美的能力。由此可见，音乐教育是实施美育的重要途径。

三、音乐教育对学生德智体美的全面发展有重要的作用

德育、智育、体育、美育是互相渗透、互相结合、互相促进的。音乐教育能丰富学生的音乐知识，提高学生的音乐技能。让学生接触各种题材、体裁、风格的优秀音乐作品（优秀的历史歌曲、革命歌曲、民歌、少年儿童的优秀歌曲及各种优秀的器乐曲等），不但能使他们扩宽视野，从中获得广泛的知识（自然科学与社会科学、古今中外各民族的文化与生活风貌等），还能使他们正确地认识生活和客观世界，使他们的精神得到升华，从而形成良好的思想品格。

在音乐教育中，学生直接参与音乐审美的实践活动，他们的听力、记忆力、想象力和思维能力等都会由此得到提高，身体各部位的器官（发声器官、听觉器官等）也会得到良好的发展。此外，音乐教育在许多非智力因素（意志、毅力、耐力、自制力、自信心、专注力、协调感等）的培养中，有其独特的功能。

总之，音乐教育不仅具有辅助、强化德育及智育的功能，还具有德育及智育所不能替代的教育功能。音乐教育对培养学生德智体美的全面发展有着重要的作用。

四、音乐教育对建设社会主义精神文明有重要的作用

目前，我国已进入社会主义现代化建设的重要时期。要提高全民族的科学文化水平，必须在建设物质文明的同时，加强建设社会主义精神文明。音

乐教育是社会主义精神文明建设的重要组成部分。

在小学教育阶段，少年儿童正处在发育、成长和世界观形成的重要时期，音乐教育对培养具有高尚的道德和情操、高度的文化和艺术修养的社会主义新人而言，有着相当重要的作用。而这一代新人对改变整个社会的风尚，展现全民族的精神面貌而言又有很大的影响，他们经过教育走入社会，将成为社会主义现代化建设的有用人才，成为21世纪继往开来的一代。因此，音乐教育对社会主义精神文明建设的重要作用是不言而喻的。

第二节　小学音乐课程的性质与价值

小学音乐教育的培养目标服从义务教育小学阶段的整体培养目标，强调音乐教育的审美功能和育人作用。音乐课是人文学科的一个重要领域，是实施美育的主要途径之一，是基础教育阶段的一门必修课。音乐课程的价值主要体现在以下几个方面。

一、审美体验价值

音乐教育以审美为核心，主要作用于人的情感世界。音乐课的基本价值在于通过以聆听音乐、表现音乐和创造音乐为主的审美活动，使学生充分体验音乐中的美和丰富的情感，为音乐所表达的真善美理想境界所吸引、陶醉，与之产生强烈的情感共鸣，使音乐艺术净化心灵、陶冶情操、启迪智慧、情智互补的作用和功能得到有效的发挥，培养学生健康、高尚的审美情趣和积极乐观的生活态度，为其终身热爱音乐、热爱艺术、热爱生活打下良好的基础。

二、创造性发展价值

创造是艺术乃至整个社会历史发展的根本动力，是艺术教育功能和价值的重要体现。音乐创造因其强烈、清晰的个性特征而充满魅力。在音乐课中，生动活泼的音乐欣赏、表现和创造活动，能够激活学生的表现欲望和创造冲动，使学生在主动参与中展现他们的个性和创造才能，使他们的想象力和创造性思维得到充分发挥。

三、社会交往价值

音乐在许多情况下是群体性的活动，如齐唱、齐奏、合唱、合奏、重唱、重奏及歌舞表演等。这种相互配合的群体音乐活动，也是一种以音乐为纽带进行的人际交流，它有助于学生养成共同参与的群体意识和相互尊重的合作精神。成功的音乐教育不仅在学校的课堂上，而且应在社会的大环境中进行，对社会音乐生活的关心，对班级、学校和社会音乐活动的积极参与，将使学生的群体意识、合作精神和实践能力等得到锻炼和发展。

四、文化传承价值

音乐是人类文化传承的重要载体，是人类宝贵的文化遗产和智慧结晶。学生学习中国民族音乐，能够了解和热爱祖国的音乐文化，而中华民族音乐传播所产生的强大凝聚力，有助于培养学生的爱国主义情怀。学生学习世界上其他国家和民族的音乐文化，能开阔自身的审美视野，认识世界各民族音乐文化的丰富性和多样性，增进对不同文化的理解、尊重和热爱。

第三节　小学音乐教学的主要特点

一、注重音乐能力的培养

小学教育阶段是少年儿童生理、心理迅速发展的时期，这一时期的少年儿童具有很大的可塑性。研究表明，儿童对音乐的感受力在学龄前就已经开始发展，小学教育阶段是发展少年儿童音乐才能的最宝贵时期，在这一时期加强学生音乐能力的培养是十分重要的。

学生的音乐才能包括音乐的感受能力、鉴别能力、表现能力和创造能力，这些能力既是在学生听、唱、奏等音乐审美实践中逐步发展和提高的，也是在他们的听觉感知、注意力、记忆力、思维能力、想象力、观察力等一般能力发展的基础上发展的，而音乐特殊能力的发展又会促进一般能力的提高。所以，音乐教学要注重对学生能力的培养。

（一）音乐感受力的培养

音乐感受力包括音乐的听辨能力、记忆能力和形象思维能力，是在学生听、唱、奏等音乐实践中发展的。教师要用听辨、比较、想象、联想等手段，培养学生的音乐感受力。

学生用听觉直接感知音乐是感受、学习音乐的先决条件。在音乐教学中，教师要让学生多听音乐，使他们在反复听赏中加深记忆。同时，可以采用比较的方法让学生区分音乐表现手段，如音高、时值、速度、力度、节奏、节拍、音色、音区等的差异，培养学生的音乐听辨能力。记忆能力和听辨能力是感受音乐的重要条件。在培养这些能力的基础上，教师还要启发学生通过想象、联想来感受音乐所塑造的形象，激发学生的情感体验。这种形象思维活动和情感活动，能使学生进入音乐所描述的意境，进一步理解音乐的内容，加深对音乐形象的记忆。

因为音乐的旋律、节奏和人体的律动有着共同的内在联系，它们都是在运动过程中产生的，都有概括、表现人的内心情感活动的性质，而“动”又是少年儿童的天性，所以教师可以把“动”（律动等）引入音乐教学，特别是在低年级的音乐教学中，让学生用身体的“动”配合音乐的“动”，并使他们的各个感官“通感”，从而发展他们的音乐感受力。

总之，音乐感受力的发展能促进学生对音乐知识和技能的掌握，而对音乐知识和技能的掌握又能促进他们音乐感受力的发展，这就为发展其音乐鉴赏力、表现力和创造力奠定了基础。

音乐教学应遵循听觉艺术的感知规律，突出音乐学科的特点。音乐是听觉艺术，听觉体验是学习音乐的基础。发展学生的音乐听觉应贯串音乐教学的全部活动。

教师要引导学生喜爱音乐，加深对音乐的理解，充分挖掘作品蕴含的音乐美，用自己对音乐的感悟激起学生的情感共鸣；要不断提高音乐教学技能，用自己的歌声、琴声、语言和动作，将音乐的美传达给学生；要善于用生动活泼的形式进行教学，让学生在艺术的氛围中获得审美的愉悦，做到以美感人、以美育人。

以音乐审美为核心是小学音乐教育最基本的理念，应渗透在各个不同的教学领域中。教师要通过音乐感受、鉴赏、表现、创造，以及音乐与相关文化的教学，培养学生的审美感知，丰富学生的审美情感，发展学生的审美想象，深化学生的审美理解，从而有效地提高学生的音乐审美能力。

（二）音乐鉴赏力的培养

学生喜欢唱歌、听音乐，教师应加以引导，培养他们鉴赏音乐的能力，使他们进一步理解音乐，领会作品的艺术价值。

音乐鉴赏力是指识别音乐作品的题材、体裁、风格、情绪，鉴别音乐格调的高低、优劣，欣赏音乐的能力。

对音乐进行鉴赏，除了要具备良好的感受力，还要有一定的艺术修养（包括音乐知识、社会知识和生活体验），以及对音乐作品（内容、形式等）的熟悉、了解。因此，教师要培养学生的分析、综合、判断等思维能力。教师应引导学生通过分析音乐作品的题材，了解作品包含的内容、思想和情感；通过分析音乐作品的体裁、形式，了解作品中各种音乐表现手段的特点；通过分析作品的风格，了解民族、时代的特征和作曲家创作的特点。然后，将上述分析综合成思想性与艺术性相统一的音乐艺术形象，使学生进一步理解音乐。教师应通过鉴赏活动，培养学生鉴别音乐内容美、鉴别音乐情趣，以及鉴别演唱演奏水平高低的能力。这种鉴赏能力，是随着学生对音乐的分析、综合判断能力的发展而获得和提高的。

音乐教学所采用的教材，是培养学生鉴赏能力的重要依据。教材的选用必须既适合学生的感受能力，又适合学生的趣味。教师需选用丰富多样的音乐作品，培养学生的艺术趣味和鉴赏能力。

对学生音乐鉴赏力的培养，主要是通过音乐欣赏和唱歌教学等活动进行的。鉴赏力建立在欣赏能力的基础上，而鉴赏力的发展又能提高学生欣赏音乐的水平。平时，教师可以通过对歌曲的介绍、分析、处理等，使学生的鉴赏力不断提高。在教学中，教师必须运用马克思主义的审美观点、审美情趣指导学生，使学生在音乐鉴赏过程中逐步形成正确的审美观点、情趣、情感和能力。

（三）音乐表现力和创造力的培养

音乐表现力和创造力包括演唱、演奏技能，以及乐感、音乐想象和创造才能。要提高学生的音乐表现力和创造力，必须使他们在演唱、演奏、唱游等音乐实践活动中充分发挥乐感、音乐想象和创造才能。而乐感、音乐想象和创造才能要通过一定的演唱、演奏等技能得以表现。因此，演唱、演奏技能，以及乐感、音乐想象和创造才能的提高是相互促进和发展的。

音乐是一门极富创造性的艺术。音乐创造是指在小学音乐教学中的即兴创造和运用音乐材料创作音乐的活动。在音乐教学中，处处都有发挥学生创造力的机会。教师应将创造力的培养贯串于各个教学领域，启发学生创造性地进行艺术表现，不要用“标准答案”束缚学生。同一个练习，可能有多种答案；同一首歌曲，可能有多种处理方法；同一首乐曲，可能有多种理解。教师应重视音乐实践中的创造过程，培养和鼓励学生的创造精神。

要使学生创造性地表现音乐，教师应激发学生丰富的音乐想象和创造才能，使其在演唱、演奏等表演中倾注自己的情感，以使音乐更具感染力。每个学生的生活体验不同，音乐感受力不同，因而存在不同的音乐想象和创造才能。因此，要提高学生的音乐表现力，必须引导学生在生活中加强观察，加强生活和情感的体验，用丰富的想象去创造新形象。

教师指导学生对音乐作品进行分析，是帮助学生深入理解音乐形象、掌握各种表现手段、提高音乐感受与创造才能的有效措施。同时，教师对学生的独特见解与独创表现也要给予鼓励。

此外，教材的选用对提高学生的音乐表现力有重要的作用。教师应给学生多听、多唱、多奏具有真情实感，富于表现力，以及能激起学生兴趣、想象的作品，从而培养学生的乐感，发挥学生的音乐想象和创造才能，促进学生表现力的迅速提高。

音乐感受力、鉴赏力、表现力和创造力是相互联系、相互交织的，是由浅入深、由简单到复杂逐步发展的。音乐感受力的发展过程，也是鉴赏力、表现力和创造力的提高过程。它们都是在教师指导下，通过听、唱、奏、动的音乐审美实践活动培养的。

在学生的音乐审美实践活动中，教师还必须重视他们的意志、毅力、耐力、自制力、专注力、协调感等的培养，不断完善他们的品格和情操。

二、遵循音乐艺术的特点

音乐教学必须遵循音乐艺术的特点和规律，充分发挥音乐的教育作用。音乐是艺术的一种，它起源于人类的劳动实践，能反映一定社会的政治、经济和社会生活内容，同时又能反过来作用于人，作用于社会，对社会起推动作用。

音乐艺术与其他艺术的表现手段和表现方式都不同，它的特点如下。

（一）音乐是听觉的艺术

音乐是以声音反映社会现实生活，从而帮助人们认识客观世界的。人类在交流思想感情时，可采用语言或文字，但语言比文字更善于表达感情，因为语言有丰富的声调，它能通过声音的高低、快慢、强弱、节奏，以及不同的音色，细致地表达人们的情感。语言的声调能赋予语言一种形象的、感情的表现力量。音乐艺术就是将语言的声调强化、扩大，更细致地创造各种旋律，以反映人们的思想感情和时代精神。此外，音乐艺术还经常运用生活现象中的各种音响、节奏创造各种旋律，以反映社会生活及人们对客观事物的态度。由于旋律是由声音的高低、长短、快慢、强弱等要素组成的，它必须依赖人们听觉的感知，才可能使人获得音乐的感受。失去了听觉感知的能力，也就失去了感受音乐的条件，那么音乐艺术便失去了存在的意义。所以，听觉感知是音乐艺术的特性之一。

在音乐教育中，一切音乐教学任务的完成都依赖学生的听觉能力，因此听觉训练就显得十分重要。不论是唱歌、唱游、演奏器乐、欣赏音乐，还是音乐知识和技能训练，都应在培养学生听觉感受能力的基础上进行，即使在用图画或实物等进行直观教学时，也必须结合听觉的感知来促使学生进行形象思维，才能取得良好的教学效果。这就是听觉艺术的特点。

（二）音乐是时间的艺术

音乐是在声音运动的过程中表现人们的思想感情的。人们称音乐是时间的艺术，这是指声音运动过程的时间性及音符的时值概念。

音乐通过声音的运动，使人获得连续不断的音乐形象，它以不同的音响变化作用于人的听觉，激起听者情感上的共鸣与联想。音乐形象的展现活动需要一定的时间，没有声音运动的时间，也就没有音乐。

音乐是时间的艺术，所以教师在教学中应注意让学生多听完整的歌曲和乐曲。学生只有在获得完整的音乐形象时，才能感受音乐所表达的思想感情。这种音乐形象逐步深入的展现过程，是激起学生情感的感染过程，也是对学生进行思想教育和美的教育的过程。

作为时间艺术的音乐，它的特点还反映为音响会随时间的流逝而消失。所以，音乐教学必须注意给学生反复听、唱、奏的机会，以巩固和加深学生对音乐的印象，同时还应培养学生的音乐记忆能力，使音乐长久地保存在他们的记忆中。

音乐的时间性反映在每个音符、休止符和乐句中，所以正确地表现音符、休止符的时值，以及正确掌握节拍、节奏、速度，是音乐形象正确再现的必要条件。在音乐教学中，教师应注意培养学生正确的时值概念，以体现音乐艺术的时间性特点。

（三）音乐是诉诸情感的表演艺术

音乐是通过声音来抒发人们对客观事物的各种愿望和情感的。借声传情是音乐艺术的特殊手段，音乐所表达的情感能反映人们的思想认识。因此，音乐形象中所体现的情感能揭示作者对现实生活的认识，是作者对自然现象、社会现象的主观体验和情感的反映。缺乏情感的音乐是难以打动人心的，抒情是音乐的重要特征。因此，有人称音乐为“情感的语言”。

同时，音乐必须通过演唱、演奏的方式，才能为听众所感受，因此音乐又是一种表演的艺术。音乐表演存在着演唱者、演奏者对音乐形象的再创造。因此，每个演唱者、演奏者不同的生活体验、不同的艺术修养，以及对音乐作品的不同理解，都会直接影响音乐形象的再现，或者因演唱、演奏的方法和风格的不同，出现音乐形象再现时的差异性。这就要求每个演唱者、演奏者都必须具备一定的生活体验和艺术修养，了解作者的创作意图、作品的时代背景和作品所表达的内容，按作者的意图分析、理解作品，剖析作品的表现手段，掌握作品的风格和表演方法，在正确理解作品的基础上，对音乐作品进行再创造。

音乐既然是诉诸情感的表演艺术，教师在教学中就应充分发挥音乐形象中的情感因素。教师应让学生在唱歌、唱游、演奏、欣赏等过程中，获得情感的体验，让学生在情感的愉悦中受到启发和教育。

由于音乐具有表演艺术的特点，教师不仅要提高学生的演唱、演奏等水平，还应加强学生表现力的培养。

第四节　小学音乐教学的基本原则

音乐教学的基本原则是音乐教学活动必须遵循的准则。音乐教学原则是以音乐教育的理论，音乐教学的目的、任务，教学过程和活动的规律，以及学生的年龄特征为依据，在总结教学实践的基础上制定的。它是音乐教学客观规律的反映。音乐教师在教学中能否正确地遵循和贯彻音乐教学的基本原则，直接关系到教学质量的优劣。因此，要深刻认识音乐教学的基本原则，并在教学实践中科学、合理地运用音乐教学的基本原则。

人们对教育规律的认识是随着社会的不断发展而逐步提高的。因此，在教学实践中总结出来的教学原则在提法、名称、内容、结构等方面，各流派、各历史时期都不尽相同。但有一些教学原则，如科学性原则、启发性原则、直观性原则、教师主导作用与学生主体作用相结合原则、统一要求与因材施教相结合原则等，对小学音乐教学具有普遍的指导意义。而音乐教学的基本原则更应反映学生审美活动的发展特点和音乐艺术的教学规律及特殊性。所以，作为全日制义务教育内容之一的小学音乐教学应重视体现以下基本原则。

一、审美性原则

美育，即审美教育，又叫作美感教育。它通过一定的方式和途径，使学生形成正确的审美观及健康高尚的审美情趣，提高学生感受美、鉴赏美、表现美和创造美的能力。音乐教育是学校美育的重要组成部分，它通过音乐艺术的手段，主要作用于人的情感世界，对学生进行生动形象的审美教育。

音乐课是人文学科的一个重要领域，是实施美育的主要途径之一。音乐教学的各项活动均是一个审美的过程，以审美为核心是音乐学科必须体现的主要特征。因此，审美性原则是音乐教学必须贯彻的教学原则之一。在贯彻这一原则时应注意以下几个方面。

（一）音乐教学以审美为核心

以音乐审美为核心的基本理念，应贯串音乐教学的全过程，渗透进各个不同的教学领域，以培养学生的审美感知，丰富学生的审美情感，发展学生的审美想象，深化学生的审美理解，从而有效地提高学生的音乐审美能力。

感受与鉴赏是音乐学习的重要领域，是整个音乐活动的基础，是培养学生音乐审美能力的有效途径。在教学中，教师应激发学生听赏音乐的兴趣，使学生养成聆听音乐的良好习惯，逐步积累鉴赏音乐的经验。教师应采用多种形式引导学生积极参与音乐体验，鼓励学生对所听音乐有独立的感受与见解，帮助学生建立音乐与人生的密切联系，为学生终身学习和享受音乐奠定基础。

表现是实践性很强的音乐学习领域，是音乐学习的基础性内容，是培养学生音乐表现力和审美能力的重要途径。在教学中，教师应注意培养学生自信演唱、演奏的能力及综合性艺术表演能力，发展学生的表演潜能及创造性潜能，使学生能用音乐表达个人的情感和进行情感交流，享受美的愉悦。

创造是发掘学生想象力和思维潜能的音乐学习领域，是学生积累音乐创作经验和发挥创造思维能力的过程和手段。在教学中，教师应通过探索音响与音乐、即兴创造、创作实践培养学生的创新精神，发掘学生的创造潜能。

在教学中，教师还应注重与音乐相关的文化的教学，以提高学生文化素质，拓宽学生文化视野，促进学生对音乐的体验与感受，提高艺术审美能力。

（二）遵循音乐艺术的审美表现特征

音乐是听觉的艺术，它以旋律、节奏、节拍、力度、速度等多种外部形态的有机结合，构成完美的音乐形式，作用于人的听觉感知。因此，虽然说用语言来诠释音乐及用各种媒体辅助教学是必要的，但必须注重听觉感受在音乐教学中的主导地位。

音乐是时间的艺术，是在声音运动过程中提供审美信息的。因此，在教学中，教师应倡导完整而充分地聆听音乐，让学生在音乐逐步深入与展现的过程中获得感受与体验。音响会随时间的流逝而消失，因此应注意在反复听、唱、奏等实践活动中培养学生的音乐记忆能力。音乐的时间性还反映在每个音符、休止符和乐句中，因此教师还应注意培养学生正确的时值概念。

音乐是“情感的语言”，抒情是音乐的重要特征。因此，在教学中，教师应充分发掘音乐中的情感因素，注重音乐教学在各项实践活动中的情感体验和师生的情感交流，突出音乐情感审美的特质。教师应善于引导学生领会音乐要素在音乐表现中的作用，强化学生对音乐表现形式和情感内涵的整体把握能力。

（三）知识与技能学习渗透在审美体验中

音乐基础知识和基本技能的学习是小学音乐教学的基本环节。学生掌握了音乐知识和技能，就能接近音乐的本体，就能欣赏音乐的美，表达音乐的美，创造音乐的美。因为音乐课程目标的设置是以音乐课程价值的实现为依据的，而审美体验是体现课程价值的一个主要方面。所以，音乐教学中的音乐基础知识和基本技能学习，应有机地渗透在音乐艺术的审美体验中。

在音乐基本知识与基本技能的教学中，不能“重技轻艺”，即只教技能不教审美，而应遵循听觉艺术的规律，把审美体验建立在聆听音响的基础上。听觉体验是学习音乐的基础，发展学生的音乐听觉应贯串音乐知识与技能的教学全过程。在知识与技能教学中，教师应以生动的音乐为载体，引导学生发现美、体验美、表达美，使学生在审美过程中获得愉悦的感受和体验，启发学生在积极体验的状态下充分展开想象，并应尊重个体不同的音乐体验。

小学的音乐知识与技能教学不同于音乐专业的知识与技能教学，它应符合小学音乐课程目标，适应学生审美心理发展的特征。

（四）强调师生审美活动的相互融合

音乐教学应该是师生共同体验、发现、创造、表现和享受音乐美的过程。因此，音乐教学的内容应具有高度的艺术性和美感，以激起学生对美的追求，教学形式应灵活多样。教师应根据不同的教学内容和教学目标，采用与之相适应的教学组织形式，创设充满音乐美感的教学环境，应面向全体学生，以学生为主体，师生互动，注重把全体学生的普遍参与和发展不同个性的因材施教有机结合起来，使教学生动活泼。

教师的音乐审美修养与音乐表现能力在审美信息传递过程中有着十分重要的作用，教师能在音乐表现中充分发挥音乐作品潜在的美，是音乐美的优化状态的决定因素。因此，教师必须不断提高自身的审美修养、教学技能和音乐表现能力。教师要善于引导学生喜爱音乐，用自己对音乐的感悟激起学生的情感共鸣，以美的歌声、琴声、语言、动作将音乐的美传递给学生，从而在音乐实践活动中与学生共同得到审美的愉悦。

二、教育性原则

音乐是人类创造的众多文化现象之一，是人类社会意识形态的一个部分，它以独特的语言（旋律、节奏等）表达人的思想情感。古今中外的许多优秀音乐作品，不仅给人以美的感受，而且能使人获得积极的精神力量。

音乐教育是审美教育，也是精神文明教育，它所带来的充满人格美的精神世界，具有深远的社会意义。音乐教育不仅包括技能教育，同时会与思想政治教育、道德伦理教育、行为规范教育等互相配合与渗透，作用于人的心理，促进人的综合素质的发展。音乐审美教育不仅能培养学生感受音乐、理解音乐、鉴赏音乐、表现音乐和创造音乐的能力，而且能促进学生各种因素的平衡和协调，实现个性、全面、和谐发展。

对音乐作品情绪、格调、思想倾向、人文内涵进行感受和理解，可以培养学生的音乐鉴赏和评价的能力，使学生养成健康向上的审美情感，使学生在真善美的音乐艺术世界里陶冶情操。音乐作品所表现的对祖国山河、人民、历史、文化和社会发展的赞美和歌颂，可以培养学生的爱国主义情怀。音乐实践活动可以培养学生良好的行为习惯，以及宽容理解、互相尊重、共同合作的意识和集体主义精神。因此，教育性原则是音乐教学必须贯彻的教学原则之一。在音乐教学中，教师应遵循音乐学科的特点，寓思想教育于音乐艺术中，让学生在提高音乐审美能力的同时，升华精神境界，提高思想品行。在贯彻这一原则时，应注意以下几个方面。

（一）有意

有意，即教师在音乐教学中有意识地进行思想品德教育，而不是随意地、盲目地进行。首先，教师应有意识地按照思想性与艺术性相统一的原则选定教学内容。因为音乐作品良莠不齐，所以应选用优秀的、艺术性高的、有品位的音乐作品作为教学内容，同时不应忽视民族音乐作品，以构建良好的审美对象。其次，教师在钻研教材时，要有意识地挖掘教材中的思想性，根据教学内容、学生的实际水平和音乐艺术的特点，制定适当的思想教育方案。根据教学内容的不同、学生年龄的差异，教师在确定课堂教学思想情感目标、教学手段时，应注意其科学性和可行性。

（二）有机

有机，即音乐教学应寓思想教育于音乐艺术中，要注意思想品德教育与音乐兴趣和音乐能力培养、音乐知识学习的有机结合。在音乐教学中，既不能把音乐看成纯知识与纯技术的东西来追求，也不能脱离音乐特质进行思想教育，应充分发挥音乐艺术的感染作用，把思想性与艺术性有机地结合在一起。例如，在歌曲《保卫黄河》的教学中，不能离开音乐去讲作者生平、时代背景、社会意义等。离开音乐的说教是空洞的，因为音乐家在创作中总是会把自己对现实生活的感受、思想情感、政治态度融入作品，并通过各种表现手段如旋律、节奏等塑造音乐形象。音乐的教育作用主要是通过对音乐作品的表演、欣赏等途径实现的。因此，教师应加强学生的音乐实践，使学生理解歌词，感受跌宕起伏的旋律、明快的节奏、鲜明的民族风格等，并结合对歌曲背景的介绍，使学生有更多的情感投入，领悟更多的精神力量。

（三）有度

有度，即教师在音乐教学中应适度把握思想教育的容量和分寸。在教学中，一种错误倾向是对思想教育的无限拔高，从而使音乐课成了说教课、政治课。例如，在欣赏打击乐合奏《鸭子拌嘴》的教学中，牵强附会地联系到同学间不应该骂人、打架，要团结友爱，然后又延伸到抨击社会上的不良现象，这就成了说教，反而失去了应有的教育意义。用“音乐来教育”注重的是“潜移默化”“润物细无声”。因此，在欣赏教学中应运用多种教学手段，揭示乐曲的艺术形象，让学生感受乐曲多变的节奏及丰富的演奏技巧所描绘的鸭子惟妙惟肖的形象，并在愉悦的情感体验中展开丰富的想象，潜移默化地培养学生热爱祖国民族乐器、民间音乐的思想情感。

在合唱教学中培养学生的集体主义精神，在器乐教学中培养学生的意志，在唱游教学中培养学生的合作意识，在乐理教学中培养学生辩证的思维，在创作活动中培养学生的创新精神，这些都要在长期潜移默化的教学中逐步实现，急于求成的思想是不可取的。

（四）提高教师自身的审美修养

在音乐教学中，教师应不断提高自身的审美修养。教师不仅要以高尚的师德、正确的言行、得体的教态等成为学生的表率，同时还应树立正确的音乐教育观和良好的审美意识，并不断拓展文化和专业知识面，掌握扎实的专业技能和教学基本功，用先进的素质教育理念实施音乐教学，做到既教书又育人。

三、实践性原则

音乐的再现，必须通过演唱、演奏等艺术实践活动来完成，而乐谱仅仅是记录音乐的符号。音乐教学中所包括的各项内容，如声乐、器乐、欣赏、创作等，也都需要通过实践活动来完成。音乐教学具有极强的实践性，音乐实践活动是音乐教学目标得以实现的重要前提。

音乐教学的实践活动，就其性质，可分为操作性实践与非操作性实践两类。操作性实践主要通过音乐表演（歌唱、演奏等）和音乐创造（作曲等）进行审美活动。这些实践活动都需要学生亲自参与，在操作中感受音乐、理解音乐、表现音乐与创造音乐，这就要求学生必须具有一定的技能技巧。非操作性实践主要指通过音乐欣赏来进行审美活动，必须让学生主动聆听音乐以发现和领略音乐的美。在教学中，操作性实践与非操作性实践不是截然分开的，而是有机结合在一起的。唱、奏中包含着欣赏和聆听，欣赏中也常常需要表演（如小学低年级学生的欣赏与律动相结合的教学）来加深对音乐作品的感受与理解。

音乐课的教学过程就是音乐艺术的实践过程。因此，所有的音乐教学领域都应重视学生的艺术实践，教师应积极引导学生参与各项音乐活动，将其作为学生走进音乐、获得音乐审美体验的基本途径。根据音乐教学实践性很强的特点，教师在教学中应努力体现实践性原则，给学生创设良好的环境，给予学生充分的实践机会，引导他们积极主动地参与演唱、演奏、欣赏与创作等活动，使他们在不断反复的实践中，情感得到升华，音乐素质与能力得到提高，创造力得到发展。要贯彻这一原则，应注意以下几个方面。

（一）创设良好的音乐实践环境

凡是审美活动，都必须通过生动鲜明的形象来感染人，使人产生美感，才能达到教学目的。作为审美活动中审美客体的实践环境，应具有美的感染力、吸引力。良好的实践环境可以激发学生对音乐实践的兴趣，使学生产生学习音乐的动力。因此，应注意教室环境的布置及音乐媒介中的音响效果，恰当地运用电化教育手段、图片等，让听觉形象与视觉形象有机地结合，同时教师的范唱、伴奏、表演等也应生动且富有美感，从而打造一个良好的实践环境，让学生在愉悦的氛围中进行音乐审美活动。

（二）加强学生的音乐实践

因为音乐审美活动具有很强的实践性，学生又是音乐审美活动的主体，所以教师在教学中应积极引导学生充分参与音乐实践活动。语言要精练，指导要得法，应给学生留有充分余地，让他们自己去体会、思索、实践，变单纯的技术性练习为传情达意的艺术创造，绝不能包办学生的实践活动。对不同水平的学生，应提出不同的艺术实践要求。教师要积极鼓励基础较差的学生参与音乐实践活动，让每个学生都能在原有基础上有所提高。教师要善于激发学生的创造性，鼓励他们在演唱、演奏、表演中进行独创性处理和表现，保护他们的创作热情，肯定他们的创作成果。

（三）注重音乐实践中的审美体验

审美实践与审美体验是相辅相成的。在进行音乐实践的活动中，学生的情感会随着音乐的发展产生共鸣与起伏，学生会在不断体验中感受、领悟、发掘音乐的情感内容，得到美的熏陶与精神的升华。所以，教师在教学中要注意启发、诱导学生对音乐作品进行审美感受的体验，避免单纯和枯燥的技术传授。学生的生活阅历较浅，审美经验不够丰富，因此教师在指导学生进行音乐实践时，要注意发掘音乐形象中的情感因素，让学生在歌唱、演奏、欣赏等过程中获得美的体验，并提高知识技能和审美境界。

（四）重视理论与实践的有机结合

音乐的理论知识必须在音乐的实践活动中得到掌握和巩固，而音乐技巧与技能又必须在一定的理论知识指导下通过实践得到提高。学生在音乐实践活动中，情感体验与思维活动（形象思维与逻辑思维）是交织进行的。所以，理论知识的讲授要与听、唱、奏等音乐实践活动结合起来，让学生在实践活动中学知识，在实践活动中使知识转化为技能，并在实践活动中使所学的知识和技能不断巩固与提高。例如，教师可以积极引导学生运用脑（思维）、眼（视谱）、耳（听觉感知）、口（演唱）、手（演奏、划拍或指挥等）感知音乐，掌握知识与技能。同时，必须注意理论知识的深度与广度，要考虑学生的年龄特点和可接受性，要精讲多练。

四、情感性原则

音乐是通过声音表达人们对客观事物的各种愿望和情感的。在音乐的进行过程中，人的思想认识、人世间的喜怒哀乐等能得到充分的展示与表现。音乐通过其独特的“音乐语言”（旋律、节奏、节拍、力度、速度、和声等）表达语言所不能表达的情感。贝多芬曾说：“语言的尽头是音乐出现的地方。”音乐是情感的极佳载体，借声传情是音乐艺术的特殊手段。音乐作为一种审美形式，其重要的特质就是情感审美。情感的抒发、情感的交流、情感的激发，始终蕴藏在音乐的审美活动中。

在音乐教学的审美实践活动中，学生的情感会随着音乐的发展产生共鸣与起伏，并从中得到心理上的满足。心灵的陶冶正是在多次这样的情感体验中完成的。“动之以情”是一般的教育手段，也是音乐教育的目的之一。逻辑认识的积累发展了智力，情感体验的积淀则升华了精神。作为艺术审美的音乐教学，无疑要按照音乐善于抒发情感的特点来进行，实现情感体验是其必须体现的学科特征。

学生通过音乐学习，情感世界能得到感染和熏陶，能在潜移默化中建立对亲人、他人、人类、一切美好事物的挚爱之情。情感性原则是音乐教学必须贯彻的教学原则之一。要贯彻这一原则，应注意以下几个方面。

（一）情感体验进入教学目标

素质教育强调情感交流、人格影响。学校从单纯重视学生的逻辑生活转变为全面关心学生的情感生活，这是教育史与教育现实的共同发展趋势，也是审美教育的发展历程。教师不仅要重视对学生知识技能的培养，更要重视情感体验的培养。教师应把知识传授、技能训练、思想教育、情感体验四个方面同时列入教学目标，不仅要制定总体情感目标，而且要尽量把每一节音乐课的情感目标制定得明确、具体，以利于课堂教学的实施与完成。

（二）培养学生良好的情感品质

由于音乐是人类社会的一种意识形态，音乐作品的情感无疑会打上思想的烙印，从而具有一定的品质倾向。朝气蓬勃、雄壮有力、抒情优美、欢快活泼的音乐，对学生的情感培养会产生积极的作用。反之，颓废、萎靡、伤感的音乐，对学生的情感培养会产生消极的作用。所以，在教材的选择上，在音响媒介的使用上，教师要把好关，并做好学生音乐实践活动的引导工作。同时，教师还要根据学生的年龄特征选择教学内容，使学生的情感与音乐的发展产生良好共鸣。对小学生，不宜教唱爱情歌曲，更不应该把不健康的歌曲带进校园。对于一些优秀的爱情题材器乐作品（小提琴协奏曲《梁山伯与祝英台》等）也应从社会意义和艺术高度来指导学生欣赏。

（三）丰富学生的情感体验

情感体验是感知音乐的基础。要丰富学生的情感体验，教师应在教学中充分发掘音乐形象中的情感因素（欢快、喜庆、赞美、坚定、雄壮等），引导学生由浅入深、由单纯到复杂地体验音乐中的情感。教师可以让学生先接触篇幅较短小、音乐形象较单一的音乐作品，再接触篇幅较大、音乐形象复杂有变化、情感丰富的音乐作品，使学生的情感体验在音乐的审美实践中逐步发展与丰富。

（四）提高学生的音乐情感表现力

抒发情感是音乐最基本的表现特征。如果说听觉感受是进入音乐大门的一把钥匙，那么情感的抒发便是音乐审美的中心。

音乐艺术是表演艺术，要很好地表现音乐作品，仅有知识和技能是不够的。一些学生在演唱、演奏时基本技能过硬，可就是不能打动听众的心，这是因为缺乏音乐情感的表现力。所以，在音乐教学中要注重学生情感表现力的培养。

要提高学生的情感表现力，教师首先应有良好的情绪状态，教师只有先动了情，才能感染学生，使学生实实在在地体验情感，并通过音乐实践活动实现。所以，在音乐教学中，教师要以学生为主体，帮助他们了解作者的创作意图，以及作品的时代背景和它所表达的内容，按照作者的创作意图分析理解作品，剖析作品的表现手段，掌握作品的风格和表演方法，在正确理解作品的基础上，对音乐作品进行再创造。教师要引导学生积极主动地参与音乐实践活动，在情感体验中表现音乐。

五、创造性原则

音乐实践包括创作、表演、欣赏三大环节。在音乐创作中，创作者会主动寻求和创造符合自己审美意愿的音乐，所以音乐创作是一种创造性的活动。要将乐谱变为生动的音响，必须通过演唱者、演奏者的表演活动。音乐表演活动中融入了表演者的心血和对音乐的再创造，即音乐的“二度创造”。因此，音乐表演也是充满创造性的艺术活动。音乐欣赏是欣赏者（主体）与被欣赏的音乐作品（客体）相互交融的过程。在这一过程中，欣赏者不断将自身的情感和想象等投入音乐作品，把音乐作品这个外在的审美客体变为欣赏者主体的审美感受。因此，音乐欣赏的审美体验活动也是一个积极的创造过程。

创造是艺术乃至整个社会历史发展的根本动力，是艺术教育功能和价值的重要体现，音乐创造因其强烈而清晰的个性特征而充满魅力。在音乐课中，生动活泼的音乐欣赏、表现和创造活动，能够激活学生的表现欲望和创造冲动，使学生在主动参与中展现他们的个性和创造才能，使他们的想象力和创造思维得到充分的发挥。因此，创造性原则是音乐教学必须贯彻的教学原则之一。在音乐教学中，教师应遵循音乐学科的特点，在生动的音乐实践活动中增强学生的创造意识，开发学生的创造性潜质，并使学生的音乐审美能力得到提高。在贯彻这一原则时，应注意以下几个方面。

（一）兴趣是创造性学习的基本动力

兴趣本身不属于音乐能力，但能对学生进行各项音乐实践活动产生积极的影响。学生只有发挥主体性，才能使其学习更有创造性，从而主动地获得发展。在教学过程中，教师应设定生动有趣的创造性活动内容、形式和情境，发展学生的想象力，增强学生的创造意识。

因此，音乐教学的内容应丰富多彩，重视内容与学生的生活经验相结合，加强音乐课与社会生活的联系，使学生感到教学内容亲切、真实、有吸引力。教师应根据内容及不同年龄学生的心理特征设计灵活多样的教学模式及生动活泼的教学形式，恰当运用各种形象的教学媒体。教师应引导学生积极主动地参与音乐实践活动，在有兴趣的音乐实践活动中体验创新的快乐，更好地发挥自己的潜能。

（二）民主是创造性学习的重要保证

教师是教学的组织者和指导者，是沟通学生与音乐的桥梁。平等、和谐的教学氛围能使学生的心情愉快、情绪轻松、思维敏捷、想象力丰富，使学生在充满自信的状态下主动探究、创造。因此，民主是创造性学习的重要保证。

教师应突出学生在教学中的主体地位，理解、尊重、信任学生，努力建立民主、平等的师生交流互动关系。和谐的双向交流能使学生形成探求的心理取向，有利于激发学生创造性思维的火花。教师在启发学生创造性地进行艺术表现的过程中，不要用“标准答案”束缚学生。教师对学生的评价不仅要有“科学性”，还应采用以“激励为主”的评价方法，以保护学生的学习积极性和创造精神。

（三）想象是创造性学习的重要基础

音乐实践的每一个环节都必须有想象心理活动的参与。作曲是一种创造性的想象，表演是一种再造想象，欣赏是一种知觉想象。音乐的非语义性、不具象的艺术特点，可以使人在广阔的想象天地中感受、表现和创造音乐美。同时，创造是发挥学生想象力和思维潜能的音乐学习领域，是学生积累音乐创作经验和发掘创造思维能力的过程和手段，对于培养具有实践能力的创新人才来说有十分重要的意义。

要想培育学生的想象力，促进其创造力的发展，首先应注意拓宽学生的知识面，扩大其音乐文化视野。教学内容应贴近学生生活，具体、鲜明、生动的音乐能丰富学生的情感体验，促进想象力的发挥，恰当的媒体运用（电视、图片等）能帮助学生拓宽想象空间。其次，音乐的想象是自由的，但也不是脱离作品的胡思乱想，教师应引导学生准确感知、理解音乐，结合音乐作品的时代背景、创作思想、题材、体裁、风格，按一定的思维定式展开想象。最后，教师应注意鼓励学生根据一定的内容展开想象，进行即兴创造活动和运用音乐材料创作音乐。

（四）探究是创造性学习的重要手段

学生的创造性音乐实践活动，不仅是一个接受的过程，还应是一个敢于自我发现、不断探索的内化过程。学生是创造性学习过程中的探索者。教师提供开放式和趣味性的音乐情境，能激发学生对音乐的好奇心和探究愿望。教师应努力为学生提供表现的机会，对学生的探究愿望要给予充分满足，以培养和保护他们的探究精神；引导学生进行以即兴式自由发挥为主要特点的探究与创造活动，允许学生的“非正常”思维，鼓励他们的“异想天开”“多向思维”与独创性；重视发展学生创造性思维的探究过程，注重在动态的过程中提升学生的探究和创新精神，使学生主动去发现和创造音乐美。

六、综合性原则

音乐是人文学科的一个重要领域，是基础教育阶段的一门必修课。音乐教学的领域包括感受与鉴赏、表现、创造、音乐与相关文化四个领域。这四个音乐教学领域是一个相互联系、相互渗透的整体。例如，“感受与鉴赏”包含“音乐与相关文化”的内容，音乐表现的过程同时也是音乐感受和培养、展示创造力的过程。音乐感受与鉴赏能力的提高，可以丰富音乐的表现，促进音乐创造力的发展。同理，“音乐与相关文化”也只有在音乐鉴赏、表现和创造活动中才能真正得以理解和体现。

音乐艺术除有自身的特质，还与舞蹈、戏剧、影视、美术等姊妹艺术具有形象性、情感性、审美性等共同的特征，它们在相互交融中又有着密切的联系。例如，音乐教学“综合性艺术表演”中的律动、集体舞、音乐游戏、唱歌表演，以及歌剧、戏剧、曲艺片段的聆听与演唱，就是多种艺术形式融为一体的表现。

音乐是一种社会文化现象，它的审美活动以社会生活为基础，与各学科，尤其是社会学科有着千丝万缕的联系。例如，歌曲中的文学因素，音乐作品中的历史背景、地域风格，都涉及文学、历史、地理等方面的知识。

因此，音乐教学应提倡学科综合，包括音乐教学不同领域之间的综合，音乐与舞蹈、戏剧、影视、美术等姊妹艺术的综合，音乐与艺术以外的其他学科的综合。综合性是音乐教学必须贯彻的原则之一。在实施中，应以音乐为教学主线，通过具体的音乐材料构建与其他艺术门类及其他学科的联系。贯彻这一教学原则，应注意以下几个方面。

（一）优化音乐教学不同领域间的相互综合

教师应全面理解和掌握音乐教学各领域的内容要求及其相互关系，在教学中科学安排各项教学内容，采用多种教学形式，运用灵活的教学手段，并将其融合成有机整体，使音乐教学的综合达到最优化，从而全面提高学生的音乐素质。

例如，音乐感受力的培养途径不仅是聆听与欣赏，还应让学生在演唱、演奏、即兴创造等音乐实践活动中提高对音乐的感受力。又如，器乐教学可以与唱歌、鉴赏、创造等教学内容密切结合，通过用乐器为歌唱伴奏、演奏欣赏曲的主题音调等，提高学生对音乐的感受与鉴赏能力、表现力、创造力。

（二）注重其他艺术表现形式的渗透与运用

教师应将其他艺术表现形式有效地渗透和运用到音乐教学中，引导学生认识音乐与舞蹈、戏剧、影视、美术等姊妹艺术的联系，感知不同艺术的主要表现手段与艺术形式特征。教师通过以音乐为主线的综合艺术实践，能帮助学生更直观地理解音乐的意义及其在人类艺术活动中的价值。

例如，在低年级的集体舞教学中，教师可以通过“熟悉音乐—学习动作—进行表演”这一流程，使学生认识音乐与这种有组织、自娱性舞蹈的联系，感知集体舞所具有的造型艺术、时间艺术与空间艺术的特征。在实践活动中培养学生的音乐感受力、表现力，能使学生建立良好的空间感、协调感，发展学生良好的情感品质和团结友爱的精神，从而使学生直观地领悟音乐的意义及其在舞蹈艺术中体现的价值。

（三）重视非艺术学科与音乐主线的有机结合

音乐与相关文化是音乐课人文学科性的集中体现，是直接增进学生文化素养的学习领域。非艺术学科的多种文化蕴含在音乐鉴赏、表现和创造活动中。因此，在音乐教学中教师还应重视“语文”“社会”“常识”等学科中的文学、历史、地理等知识和人文内涵，并通过音乐材料将其与音乐主线有机地结合，这有助于拓宽学生的音乐文化视野，促进学生对音乐的体验与感受，提高学生音乐鉴赏、表现、创造及艺术审美能力。

例如，在欣赏与演唱莫扎特创作的歌曲《渴望春天》的教学中，教师应挖掘歌词所表现的纯真、稚气、甜美，以及诗歌般文学语言的内涵，介绍奥地利 18 世纪的人文风貌和作者的生平、创作背景，结合对生动、明朗的音乐语言的诠释，促进学生对歌曲的体验与感受，提高学生对歌曲的鉴赏与表现能力。

（四）加强音乐课与社会生活的相互联系

音乐是社会生活的反映，与人的生活密切相关。音乐的美与自然形态的美相比，是更高一级的美，它可以直接描绘人的生活，也可以间接反映人的生活，它能表现人的思想、情感、认识和精神力量。因此，在音乐教学中，教师应重视与学生的生活经验相结合，加强音乐课与社会生活的相互联系。

教师应引导学生感受生活中的音乐，指导学生通过广播、电视、视频等传媒欣赏音乐，鼓励学生参加音乐会，观看当地民俗活动中的音乐表演，以及进行音乐活动的交流。教师应加强开展课外音乐活动，组织和指导学生参与社区或乡村的音乐活动。成功的音乐教育不仅在学校的课堂上进行，而且也应在社会的大环境中进行。对社会音乐生活的关心，对班级、学校和社会音乐活动的积极参与，使学生的群体意识、合作精神和实践能力等得到锻炼和发展。

以上所述的六项教学原则和普遍意义上的各项教学原则，是互相联系、不可分割的。因此，教师必须有整体的观念，而不是孤立地去贯彻某一项原则。同时，教学原则并不能替代具体的教学方法，教师应根据教学的实际情况灵活而创造性地运用各项教学原则，并结合教学实践探索和发展新的教学原则，使各项教学原则的内容更科学、充实、完整。

第二章　小学音乐教学设计的方法与策略

第一节　教学设计

一、教学设计概述

教学设计亦称教学系统设计，是为了达到预期的教学目标，运用系统的观点和方法，遵循教学过程的基本规律，对教学活动进行系统规划的过程。

教学设计客观上受教育法律、教学目标、教材内容、教学对象和教学环境、教学条件的制约，主观上又融合了设计者的个人因素，会自觉或不自觉地显现设计者个人的教学观念、教育理论修养、艺术素质和专业水平。

从现代教学思想出发，教学设计包含六大板块，即教材分析、学生分析、设计理念、教学目标、教学流程、课后小结，涵盖从教学思想、观念、要素、条件到实践、评价等教学行为的方方面面。教学设计是实现教学有效性的基础。

（一）备课与教学设计的区别与联系

备课活动包含教学设计，两者都是为了有准备地上课。备课和教学设计都是教师最基本的教研工作，也是教研组尤其是备课组最基本的教研活动。教学设计既是备课的主要工作，又是备课成果物化的经历，将教学设计化为“教学方案”，就是备课的成果之一。

从备课的角度看教学设计，有两个要义：一是具体的教学对象与要求；二是对具体教学的系统设计。但这两点都必须建立在备课的分析基础上。所以，教学设计一般是备课的一个组成部分。对教学内容的分析、对学生基础的分析、对资源环境的分析等是备课的基础工作。在此基础上，教学设计就有了依据。教学设计主要就是在备课分析的基础上进行的，其结果一般以显性化的“教案”来体现。而备课还需要根据以往教学设计实施的情况进行系统反思与总结，以进一步优化教学设计。

（二）音乐学科教学设计的基本环节与原则要求

音乐学科是学校实施美育、普及音乐艺术教育的主渠道，对学生提高音乐素养与审美能力有独特作用。按照音乐新课程理念，音乐学科应强化以审美为核心的音乐教育，加强感知、表现、鉴赏、创造等音乐基础能力的培养，拓宽音乐文化视野，推动音乐教学改革，提高音乐课堂教学质量。音乐教学设计的基本环节包括分析教材与学生情况、教学准备、目标制定、内容处理、过程设计、评价响应等。

在音乐教学的环节设计上，有以下几个要点应注意。

1. 正确把握教学目标，提高学生音乐素养

小学音乐教学要以审美为核心，从培育音乐情感与价值观、体验审美过程与方法、掌握基础知识和基本技能三方面来确立教学目标。

教学目标的制定要体现科学性与针对性，要遵循音乐学习心理的一般规律，要注意针对不同学生、不同内容和不同资源进行整体优化。

教学目标的制定要体现操作性与层次性，要清晰地阐明目标的具体内容及其达成度，同时要使两者有机结合，并提出合理的措施及可操作的保障。

2. 科学地处理教学内容，支持学生选择学习

要充分利用教材（包括课本、音像等），正确把握音乐教材每个单元的人文主题，设计音乐教学活动，把过去单纯注重音乐知识的传授与技能的练习，转变为让学生在获得音乐知识与技能的同时，学会学习、合作。

教学内容应先突出音乐本体的重点，再有计划地拓展表演艺术及文学、历史的相关内容，以拓宽学生的艺术文化视野，使其了解经典音乐作品的文化内涵。

教学内容必须体现层次和项目上的差异性，要尊重学生音乐学习的个体差异，允许学生对音乐有不同程度的感受与体验，以及在音乐演绎和创造上的不同表现。

3. “听”“动”互补，师生互动，改进、创新教学模式

根据音乐教学规律，改进教学模式，让学生借助肢体语言——动作，表达他们对音乐的感受与理解，从而有效地激发学生对音乐的学习兴趣。

要提倡教学民主，增进师生互动，建立新型的师生关系，让学生在音乐学习中主动表现自我，发展对音乐的兴趣和能力，促进教学模式的发展和创新。

要建立以实践与创新为主要特征的音乐练习体系，让学生投身于“听、动、演、赏、创”等音乐学习的综合实践活动，获得对音乐的各种体验，发展音乐潜能。

4. 完善教学评价体系，注重学生音乐综合素养的提高

音乐教学注重课堂中的审美实践和体验，所以要更加注意学生学习过程中音乐素养的提高和发展，将教学评价贯串教学全过程，运用评价手段激励不同学生获得不同程度的进步。

音乐课堂教学中的评价激励，要体现“情感、态度与价值观”“过程与方法”“知识与技能”三维目标的达成度，针对目标全面评价，以促进学生音乐综合素养的提高。

要结合“学生成长记录册”的相关要求，注意对学生的课堂表现随时观察、记录，肯定学生的点滴进步和发展，并将促进学生音乐素养的发展与提高的理念体现在教学设计中。

二、教学设计的基本理念

（一）突出学科育人功能

在课程定位上，音乐课程是普及音乐文化、弘扬人文精神的基础课程。音乐课程旨在让学生传承我国优秀的民族文化和民族精神，进而开阔艺术视野，培育多元文化意识。

在音乐课程理念方面，课程标准有十分明确的阐述。例如：小学音乐课程必须“强化音乐审美体验”，强调以情感人，提高音乐审美能力；必须“提

高音乐文化品位”，内容注重艺术性、人文性、经典性、时代性、民族性等，加深对音乐文化的理解；必须“重视音乐实践与创造”，激励学生主动地参加集体性、多样性、探索性的艺术实践体验，探索新的音乐学习方式。

在音乐课程目标方面，课程标准更是从“三个维度”的有机联系入手，提出诸如“具有合作交流和团队意识”“具有爱国情感及包容态度”“养成健康向上的审美情操”等明确的要求，引导学生在学习音乐的同时，思想情感得到相应的提升。

（二）丰富音乐学习情境

丰富音乐学习情境的理念源于情境教学法。情境教学法是指在教学过程中，教师有目的地引入或创设具有一定情境色彩的、以形象为主体的生动具体的场景，以引起学生一定的态度体验，从而帮助学生理解教材，并使学生的心理机能得到发展的教学方法。情境教学法的核心在于激发学生的情感。

情境体验教学模式从构建良好的课堂教学情境入手，以学生的体验和反省、感悟为组织依据，实现师生之间生命与生命的交流、沟通，是一种动态发展着的、教与学相统一的、交互影响和交互活动的过程，它能提高学生的参与兴趣，激发他们的创新潜能，促进学习成果内化。它遵循反映论的原理，当学生在体验情境和表达感受时，其分管形象思维的大脑右半球与分管抽象思维的大脑左半球交替兴奋、抑制，从而大大挖掘了大脑的潜在功能。而且，当学生置身特定的教学情境中时，客观环境与主观能动紧密结合、相互促进，可以有效地促进学生自身的发展。以情境体验为中心的教学具有以下四个特点。

1. 情境体验教学强调将“情境”作为一种教学手段

情境并非游离于学生学习之外的一种单纯的教学环境，而是一种具有教学功能的课堂因素。其最突出的功能，就是引导学生的情感，深化学生的生命体验。

2. 情境体验教学强调以“情感”为教学起点

在教学过程中，教师要以学生的体验、反省和感悟为组织依据，使学生主动参与学习行为。要在学生的亲身体验中激发学生情感，并在学生情感的激发中引导学生更主动地亲身体验。

3. 情境体验教学强调对师生生命性的关照

情境体验教学将学生在一定情境中的亲身体验纳入教学视野。在体验世界中，一切客体都是生命化的，都充满生命的意蕴和情调，因此课堂教学的生命性便得到了关照和生成，这就为学生的“活动建构”奠定了基础。

4. 情境体验教学强调关注学生在课堂上的“幸福度”

这里所说的“幸福”，就是让学生在课堂教学中体验到生命成长的幸福，就是要注意激发和引导学生的学习兴趣，让学生感受课堂学习的情趣，体验学校生活的丰富多彩，从而实现新课标所要求的情感、态度和价值观目标。

（三）注重培养学生的创新精神和实践能力

知识经济时代的社会发展取决于人的发展，而人的发展的灵魂和动力是创新。创新是一个民族进步的灵魂，是国家兴旺发达的不竭动力，一个没有创新能力的民族，难以屹立于世界先进民族之林。创新精神和创新能力的培养，过去并没有成为我国小学教育的重点，对照社会发展，就显出课程不相适应的一面，而实践能力的培养也是我国当前课程实施中客观存在的一个薄弱环节。新的基础教育与课程，本着对国家与民族的强烈责任感，努力实现向素质教育的转变，从不同学校办学模式的要求出发，十分注重创新精神和创新能力、实干精神和实践能力的培养。实施素质教育的主阵地和主渠道是课堂教学，是课程的实施过程。课程实施作为课程系统功能体现的关键，必须特别注意将未来发展对人的需要——创新精神、创新能力和实践能力的培养放到突出的位置。这里主要强调在教材编写中要有这种体现，而教学目标的制定与落实更应包含这一要求。

音乐学科本身就具有培养学生创新精神和实践能力的内在因素。脑科学告诉我们，人的大脑结构是有一定分工的，最基本的是分为左右两部分，其中左半脑主要支持逻辑思维，右半脑主要支持形象思维。知识性学科主要由左半脑开展思维活动，所以学生的左半脑开发和利用得比较多，但这只利用了大脑的一半。同时，从人的大脑功能的研究来看，大脑右半球掌管表象，是进行具体思维、直觉思维的中枢。对人的创新意识和能力来说更重要的是形象思维的结果，这正是音乐等艺术、技能型学科的优势。落实音乐教学三维目标，能够对全脑开发提供有力支持。

（四）现代信息技术与音乐课程的有机整合

当代社会，不断更新的计算机网络技术、飞跃发展的信息技术拉近了人类生存与活动的时空距离，社会文化将受制于正在形成中的、具有极强关联性的“数字地球村”。因此，学校课程的要素之具有信息特征的教育内容及其传递，将受到前所未有的冲击，教师和学生所面临的关注对象，即应该授受的知识信息，不再是熟悉的传统形态，而呈现瞬息万变、丰富多彩、高度综合和随手可获的格局，课程的主体表现形态将不像以往那样有清晰的学科课程或经验课程的区分。这对课程编制、实施乃至评价，都提出了全新的要求。

音乐学科利用现代信息技术是时代发展的必然要求，也是音乐新课程设计和实施的一个重要特点。教育心理学中的相关学习理论告诉我们，运用信息技术可以调动人体的多种感官参与学习，使知识信息量得到拓展，又可以增强互动、加深理解。

三、教学内容的处理与补充

对现成教材的分析和利用是音乐教学的基础，但在分析的基础上要针对学生学习实际进行处理，有时还要适当补充学生熟悉的、有一定生活体验的教学内容。

（一）对教材的科学分析

一般而言，教材具有隐含的“教育价值”、启示性的“学习过程”和鲜明的“核心知识”这三个方面的特点，音乐学科教材当然也如此。

1. 教育价值

对于某部分教材的内容，学习后与学习前有什么差别，这就是教材教育价值的具体体现。教育价值应该是多方面的，体现在德智体美诸方面。在此，本书更关注的是教材对学生成为社会一员的、以道德品行为核心的人格素质培养方面的功能，或者通俗地称其为育人功能。

育人功能客观地与课程教材整合在一起。众所周知，教材的主要内容是其所呈现的各种知识，而知识其实是一种社会科学文化的外显形态，所以知识背后是文化。说到文化层面的知识，必须涉及知识的来源、知识的结构和知识的应用等这样的整体观。所以，对知识来源的探索、对知识结构的解析，以及对知识应用的实践，无一不使人在学知识的同时学做人。而平常在分析教材时，往往会不自觉地忽视这样的分析工作，这就是教材研究的“不到位”。教师如没有这样的分析，做教学设计就会“只见地，不见天”，教材的核心功能就会缺失。

一个单元教材的教育价值研究与分析，主要是通过认识这个单元在整个教材体系中的地位，以及比较其与其他单元的关系来进行的。一般来说，教材的单元设置与布局总是为特定的课程目标服务的，同时每门学科的教学时间都十分有限，所以不可能有无缘无故设定一个单元的做法。要充分关注教材体系中单元与单元之间的横向及纵向联系，并将之体现到教学设计的目标制定过程中。有的教师的教学设计，在教材分析时对这个环节的关注度往往不够，这不能不说是一种遗憾。

2. 学习过程

教材具有结构化和指导性的功能，所以一本通过审查的、可以进入课堂教学的教材不会只是许多“信息源”或“知识元”的简单堆积体，内部的结构形态不会杂乱无章，而应是能够体现学科知识呈现规律和学生学习认知规律的范本。科学、合理的学习过程，对学生学习兴趣的激发和学习习惯、学习方法的养成是十分必要的。教师需要对教材的这种特点予以充分认识，利用好其原本就具有的功能。

现在，有不少教师在研究教材时不注重对单元结构的分析，只注意每个知识点的含义分析，忽视不同知识点之间关系的分析，这就难以发挥教材的整体效益。还有的教师只注意教材中的“正文”，忽视其中设计好的活动栏目及其他参考资料，这就使得教学结构呈现一定的松散、零碎状况。

教师在分析单元教材时可做一份内容结构图或者教学路线图，展现自己对内容、活动展开及指导学生学习的过程的设计。这个工作的好处就是能把教与学和教材的结构、指导功能串联起来，形成一个有效的教学流程、教学体系，有了这个基础，教学的有效性也就有了保障。

3. 核心知识

这里说的核心知识是指在一个单元中必须掌握的概念、重点基础知识和基本原理等。教师在进行教学设计时，往往将它们作为教学重点或难点对待。

核心知识是在对同一单元中所有知识点进行分析比较后得出的。有几个着眼点可以考虑：一是基础性，凡是核心知识，必然是该学科知识体系中最基础的知识，即学习其他知识的基础；二是关键性，凡是核心知识，必然是在结构化的知识体系中能起关键作用的知识，即由其可拓展至其他相关知识，从而组成有联系的知识整体；三是关联性，凡是核心知识，必然是整个学科知识体系中的关联点，即掌握了这些知识，就能基本了解甚至掌握一个学科最本质的要义和最主要的价值。

为此，研究核心知识需要以整个单元内容的研究为基础，在整体中进行比较，在比较中认识核心之所在。如果在教材分析环节中没有这样的视野和过程，没有从本质属性上分析，没有依据一定的标准来确定，教材研究的有效性就会大打折扣。

（二）对教材做有针对性的处理

教材是最基本的音乐教学内容。教师要充分利用教材（包括课本、音像等）系统资源，正确把握音乐教材每个单元的人文主题，通过感知、表现、鉴赏、创造四个内容要求，设计音乐教学活动。小学音乐教学必须体现普及性，必须面向全体学生，教学内容要注意加强基础性，体现多元化，提供给学生丰富而多样化的音乐学习经历，注重学生音乐素养的全面发展。对教材的处理要注意“抓住主线、整体把握，突出重点、分散难点”，使学生在有限的课堂教学时间内有效地达到预期的学习目标。教师要以音乐教材为载体，引导学生在音乐实践与创造活动中，形成积极主动的学习态度，把过去单纯注重音乐知识与技能的学习，转变为在获得音乐知识与技能的同时，学会学习、合作。

音乐教材的每一个单元都有一个人文主题，它把“听”“唱”“学”“活动与创造”几个部分组成一首小小的交响乐，每个主题就像交响乐的序曲，给予每一单元的教学内容一个鲜明的人文内涵，使各部分教学内容在文化的关联下内在地组合起来，通过“以审美为核心，以文化为主线”把它们统一起来。在进行教材处理时，要注意新时代的基础音乐教育的目的不再单纯是传授知识与技能，也要传播音乐文化。

另外，歌曲的教学是音乐教学的重要内容，而在有限的教材篇幅中凸显优秀的歌曲作品是教材内容设计与呈现的关键。因此，新教材在符合主题单元要求的前提下，尽可能地选择了优美动听、易唱易学的歌曲，如《乃呦乃》《真善美的小世界》《路边童谣》《小小少年》等。同时，教师在处理音乐教材时，也应该贯彻“加强以德育为核心的素质教育”的教育总方针，这一要求必须渗透在学科中，并以具体、生动、形象的方式落实。

兴趣是学生音乐学习的动力，它能否产生和保持，取决于学生能否获得音乐美的享受和身心的愉悦。事实上，兴趣的确是音乐学习领域的敲门砖，它能使学生喜爱音乐，也是音乐教学的重要目标之一。例如，“活动与创造”中的游戏板块，就是针对教学内容中音乐基础知识的学习与巩固而设计的，图片生动形象、活泼有趣，借鉴了民间传统游戏及儿童喜闻乐见的游戏活动，寓教于乐，把枯燥的音乐知识融入生动的音乐活动。学生往往就是在这样的游戏情境、游戏模式中，潜移默化地学习音乐，掌握本领，而且趣味盎然。《义务教育音乐课程标准（2011年版）》指出，实践与创造是培养音乐能力的基础。这就要求教师在教材内容处理和教学设计中应努力创设实践环境，激励学生主动参加集体性、多样性、探索性的整体艺术实践活动。

（三）教学准备（教具、资料等）

教学准备包括：教具的准备，如音乐挂图、相关乐器、多媒体设备（如教学软件）等，以供选择使用和操作；资料的补充，如补充教材中某些音乐作品的背景资料，或更新一部分相关资料，在收集、分析的基础上，供课堂教学使用；预习，如利用学生的社会实践活动或组织学生到学校附近社区考察等，事先让学生对所学内容有感性认识。

第二节　各环节的设计

一、教学目标的制定

教学目标是引导课堂教学有效性的根本方向标。目标的制定必须依据课程标准的要求，在分析教材和学生情况的基础上进行。

（一）教学目标制定的基本要求

小学音乐教学要以审美为核心，从培育音乐情感与价值观、体验审美过程与方法、掌握基础知识和基本技能三方面来确立教学目标。教师要从教学目标开始着力，改变只重视知识教学与技能练习的倾向，引导学生通过聆听、体验、表现、创造等音乐活动，充分感受音乐蕴含的丰富情感，增强对音乐的情感共鸣，从而培养学生的音乐兴趣，使学生得到美的熏陶，提高艺术素养。要充分利用音乐学科所拥有的民间、民族艺术文化内容，对学生进行民族文化的教育。这些要求教师在制定教学目标时有机结合，并在相关的教学环节中贯彻落实。

教学目标的制定要体现科学性与针对性。要遵循音乐学习心理的一般规律，既注重学生发展的均衡性，又关注学生发展的差异性，既注重音乐本体的基础要求，又关注课程的人文价值。在制定教学目标时，要注意针对不同学生、不同内容和不同资源进行整体优化。以欣赏与唱歌为主的教学，要特别强调对学生音乐兴趣、音乐理解与表现等能力的培养；以器乐演奏实践为主的教学，则要强调对学生音乐基本技能方法和合作意识等的培养。

教学目标的制定要体现操作性与层次性，要清晰地阐明目标的具体内容及其达成度，同时两者要有机结合，以提出合理的措施及可操作的保障。要针对各阶段的基础型、拓展型、探究型三类课程的学习要求，制定相应的合理目标，注意各阶段的递进关系及不同类型课程的功能特征，使总目标和分目标及三维目标整体统一。

音乐教学目标是音乐教师根据教材内容和学生实际而制定的音乐课堂教学应该达到的基本标准。它是教师根据课程内容要求，从学生音乐学习的需求角度出发，以音乐学习促进者的视角制定的，是学生能够达到的音乐学习的标准与境界。音乐课程标准将音乐教学目标分为三个不同的维度，即情感、态度与价值观，过程与方法，知识与技能。

需要关注的是，音乐教学内容的研究、分析过程，是同音乐教学目标的设计和确立密不可分的，有时候甚至是音乐教学设计在同一时空中并进的两条线索。因此，对音乐教学内容各项要素的分析，应该同音乐教学目标的各个维度联系起来，进行通盘考虑和综合表述。

（二）在内容分析中理解情感、态度与价值观

音乐教育的机制主要体现为有情感的教师将表达情感的音乐传达给需要不断丰富情感体验的学生，音乐教育的效应主要作用于人的情感。因此，情感、态度与价值观是处于音乐教学第一位的核心目标。

1. 音乐教学内容的人文内涵

人文指人类社会的各种文化现象，它渗透在人类生存的各个领域。像其他文化现象一样，音乐已经融进了人们的生活。教学内容体现了人文色彩的新亮点，为音乐教学开拓了更为宽阔的知识和信息面，增强了学生在教学中的参与性，使得学生的自主学习更具备条件。它把单纯的音乐学习拓展为音乐文化的渗透，把音乐文化融入音乐知识与技能的学习，以人文和知识技能为双主线，强调音乐与人，音乐与社会、民族、自然之间的内在联系。因此，在分析教学内容时应本着“以人为本，以人的发展为本”的教育理念，用丰

富的人文内涵为音乐课堂教学插上翅膀，引领学生从小小的课堂飞向广阔的社会，飞向充满生机的大自然，在教学中还音乐文化之本。

2. 音乐教学内容的情感要素

音乐是情感艺术，音乐教育本身就是对人的情感教育，音乐教学过程更是情感的发展与变化的过程。因此，教师必须很好地分析、掌握教材中的情感因素，并在教学中引导学生对音乐进行感知、体验、想象、理解等，从而引发学生的情感撞击、交流和共鸣，使学生产生真正的情感体验，以达到音乐的审美目的。所以说，情感要素在音乐教学中不仅“比知识技能更重要”，而且是音乐课堂教学的审美核心与灵魂。在音乐教学内容的分析处理中，教师要牢牢把握情感这条隐线，通过各种音乐要素，感染学生的情绪，激发学生的情感，增强学生的审美体验，从而培养学生对生活积极乐观的态度、追求完美人生的价值取向及具有丰富情感内涵的精神境界。

（三）在内容分析中把握知识技能

过去，音乐教学是一种单纯追求音乐知识与技能的教学，忽略了掌握知识技能的人的情感、态度和兴趣，忽略了获取知识技能的方法与途径，是一种“仓储式”的教育。音乐教师应当着力指导学生在深化音乐情感体验、培养音乐审美情操的过程中，掌握必要的音乐知识与技能，使学生的情感、态度、价值观、方法、能力与知识、技能同步发展。

音乐课堂知识与技能的学习是十分重要的。在音乐教学设计过程中，教师要善于创设浓郁的音乐学习氛围和良好的人文情境，细致地分析教材中知识和人文两条线索及两者间的关系。例如：用形象生动的图形谱表示旋律的高低起伏和音符时值的长短；用生动有趣的游戏将枯燥、繁难的知识与技能融合在活动中；激发兴趣，使学生在自主的音乐活动中学习、掌握音乐知识与技能；等等。音乐知识与技能的学习不是要淡化、舍弃和割裂，而是要以一个既符合音乐本体特性，又适合学生认知规律的方式呈现出来。所以，音乐教师要善于在新理念的指导下，仔细分析教材内容，合理、有效地使用教材。教师在具体设计音乐教学过程之前，必须仔细地研究教材，熟悉、吃透教材的内容，挖掘、整合教材内涵，为设计合理、可行的音乐教学过程做好充分准备。

（四）在内容分析中安排过程与方法

音乐教学的过程是指达成音乐教学目标所经历的各项音乐活动程序。设计音乐教学的过程，需要音乐教师在分析、研究教学内容的基础上，精心预设多种音乐感知、体验、理解、表现等由师生共同参与的音乐活动程序。传统的教学过程以教师为主体，以教论学，重学会，轻会学，是一个按部就班、预先设定的封闭的过程，不可调整；新的教学过程则强调教与学的互动，不仅预设过程，还注重教与学的方法，以学生为主体，以学论教，重学会，更重会学，具有开放性的特征。

音乐教学的“过程与方法”目标是由音乐本身的表现性、实践性、非语义性和不确定性决定的。学生只有亲身经历与体验这样的音乐过程，才能获得独立的、独特的对音乐的感受和理解，才能运用体验、模仿来逐步积累感性的音乐学习经验。学生在对音响的探究与音乐创造等一系列活动中，通过对音乐学习方法的了解、掌握，能实现真正意义上的音乐学习，感受音乐学习过程中的快乐，从而激发自身终生愿意学音乐、会学音乐的兴趣，并养成学习音乐的良好习惯。不同的音乐教学内容，其过程与方法既有共性，如体验、模仿、探究、合作、综合等，又具有个性的部分。例如：鉴赏领域的教学内容，更多的过程与方法为聆听、联想、想象、辨析等；感知领域的教学内容，过程与方法多为感受、操作、练习等；表现领域的教学内容，过程与方法多为演唱、演奏、舞蹈等；创造领域的教学内容，过程与方法多为创编、创作等。因此，教师要善于根据不同教学内容的领域属性及其特点，有意识地设计不同的过程与方法，以有效地促进学生的音乐学习。

（五）三维目标的表述

音乐教学目标体现了音乐教学活动的灵魂和方向，它是评价教师的教和学生的学的共同依据。音乐教学目标是教师研究教学内容，了解学生音乐学习实际情况之后，为进一步提高学生的音乐能力与综合音乐素养而制定的学生应该达到也可以达到的学习标准。然而，在教学实践中，教师对教学目标的设计与表述还存在不少问题，有的错把教学目的当教学目标，过高地估计一节课的功效与价值，甚至把一些“正确的废话”都当成目标。这样的目标，对课堂教学没有具体的指导意义，也缺乏可以评价的依据和价值。

良好的音乐教学目标制定和表述要包含以下四个方面。

1. 目标表述的行为主体必须是学生而不是教师

有些教师把教学目标表述为“通过……培养学生……能力”，这种表述方式把教学目标的行为主体定位为教师而不是学生，表明的是教师想通过音乐活动培养学生某些方面的音乐能力。实际上，教学效果判断的最直接依据是学生在课堂上是否获得音乐的情感体验和得到音乐能力的切实锻炼、进步，而不是教师的主观愿望能否实现或教学任务是否完成。这是教学目标表述是否正确的最根本的判断依据。

2. 教学目标的行为动词必须是具体、明确、可评价的

教学目标的行为动词不要选用笼统、抽象、模棱两可的词语。例如，在课堂上开展一次音乐创编活动，就把教学目标定位为“培养学生的创造能力和创新精神”，这不仅是行为主体定位的错误，而且也无法对学生的“创造能力和创新精神”进行评价。

3. 目标表述中的行为方式必须是灵活、多样、可操作的

目标表述中的行为方式不应是单调、乏味、缺少情感的。如果教师不从学生的角度出发考虑教学设计，那么其目标中行为方式的制定也不会适合学生。教师只有真正研究、熟悉并理解学生，才可能制定出受学生喜爱，符合学生年龄特点与心理特征，贴近学生现实生活和实际学习水平的行为方式。反之，就会出现效果不理想或无效的、盲目的教学活动和不贴切的行为方式。

4. 目标表述中的行为程度必须面向全体学生的最低学习底线

目标表述中的行为程度不应是个别尖子生、特长生才能达到的最高标准。目标表述中的行为程度要适当，既要符合多数学生的实际程度，又能让那些基础好、学得快的学生有继续发展的空间，如“至少能背唱一段歌词或音乐

主题”“能基本正确地、较有感情地演唱歌曲”“初步感受音乐作品浓郁的地方风格”“能体验参与音乐创编活动的快乐”等。

二、教学过程的设计

教学过程包括教学流程、教学方法、教学媒体、教学情境、作业练习等，这些都需要教师在备课活动中精心设计。这种设计必须根据新课程的要求，将适应和促进学生的发展作为出发点和归宿。

（一）教学过程设计的若干要求

1. 尊重音乐教学规律，改进教学模式

教师要根据音乐体验由感知客观影响到做出主观反应的学习规律，切实改变音乐学习中只听不动的教学模式，使学生借助肢体语言——动作，体验抽象的音乐语言，反映他们对音乐的感受与理解，实现音乐听觉与动觉的互补，使音乐课堂教学生动活泼，并有效地激发学生对音乐学习的兴趣。要注意不同年级学生动觉幅度及演绎音乐的层次差异。根据学生对音乐的理解程度，以及年龄、心理特征，对教学过程进行合理、优化的设计，也可做必要的调整。

2. 提倡教学民主，促进师生互动

要根据音乐教学发展的时代趋势，改革以教师为中心的知识传授传统模式，以学生为主体，师生平等互动和民主交流，加强教学中的实践性和创造性，让学生在音乐学习中主动表现自我，发展对音乐的兴趣和能力，并促使教学模式的发展和创新。课堂教学要建立新型的师生关系，改变刻意把学生引到教师预设的教学设计中的做法，使音乐教学适应每个学生的实际发展。在教学中，教学设计、教学方法、教具的使用等，均应以学生实际需求为出发点，教师要充分研究和了解学生，要知心知情。要提倡教师与学生同学、同乐、同创，在师生互动、生生互动的人性化教学环境中，实现情感沟通和教学相长。

（二）教学流程设计的基本样式

当前小学音乐学科的教学设计样式，比较常用的有陈述式、表格式和流程图式等。

陈述式是最传统的样式，主要以教师的教学行为为表述主线，将教学内容和要求借助一定的教学方法设计成一份教案。其样式为：复习旧课，即提问学生或概括学生已经学过的内容；引入新课，即应用不同的方式，引发学生对本节课内容的学习兴趣；新课讲授，即分几个小单元，以相同或不同的方式开展新内容的教学，音乐一般是讲练结合地进行教学；归纳小结，即将本节课的教学内容和要求、重点知识与技能概括地进行小结；作业布置，即明确学生课后应完成的学习任务，但这不是每节课都必需的环节。

表格式是明确按一定的学习主题任务，教师和学生之间互动教学，以及明确需要达到的学习要求的一种样式。表格式的每一个教学环节在横向联系和目的要求上，是具有比较紧密的关系的。

流程图式比较注重教学的系统性和整体性，是借助信息技术的信息流、方法流、资源流等概念，并将它们串联起来的一种设计思路，是用来表示课堂教学的完整过程的一种样式。这种样式在许多学科中都有应用。

（三）关于学习训练的有效设计

音乐课程要建立以实践与创新为主要特征的音乐练习体系。音乐的实践与创造活动是音乐学习的主要形式，也是学生进行音乐练习的基本方式。教师要让学生投身“听、动、演、赏、创”等音乐学习的综合实践，让学生在参与音乐实践和创造活动的过程中，获得对音乐的各种体验，挖掘与发展音乐潜能。

设计音乐的练习要结合学生实际，有针对性地调整。例如：在小学低年级阶段，可让学生在音乐游戏中感知音的长短、强弱、快慢、高低，用唱名唱准基本音高；让学生体验音乐作品的情绪变化，在此基础上学习用打击乐器奏乐和用音乐基本语汇表演歌舞；让学生较流畅地背唱若干喜爱的歌曲。

课堂教学中的音乐创造活动，目的主要在于培养学生的求异思维和创新精神，它应贯串音乐课堂教学的各个环节。教师要善于发现学生在即兴创造时所表现出的不同亮点，切忌用标准答案评价每一个学生。要让学生自主地、有选择地参与音乐实践活动，为他们自主、自信地表现音乐创造条件，搭设多种平台。

要注意学生的音乐创作练习同专业创作的区别。教师要创设情境，激发学生的创作热情，让他们收集音乐创作必需的素材，积累创作的有关经验。教师既要指导又要兼顾学生的创造，鼓励学生主动探究、交流获得的创作成果。教师要引导学生乐于创造，激励学生敢于创造，帮助学生学会创造，以此丰富学生的艺术想象与表现能力，拓展学生创新思维的思路，开发学生的多元智能，促进他们的全脑开发。

（四）正确认识学科的德育功能

以往的小学音乐课堂教学过程设计存在两种倾向。一是教师过分强调认知性目标，学生音乐知识与技能的学习与习得成为课堂关注的中心，知识的价值是首位的，音乐智力的开发与能力的培养、学科德育等其他方面的价值都是附属的，是可有可无的。这种教学过程在强化知识的同时，从根本上失去了对人的生命存在及发展的整体关怀，从而使学生成为被“肢解”的人，音乐课堂教学丧失了德育功能。二是一味地脱离音乐学科的本体内容，生硬地贴上德育的标签。这两种倾向使我们清醒地认识到，在整个教学过程中，德育与音乐知识的习得并不是分裂的两端，而应是交融的整体。

因此，在教学过程设计中，正确地认识音乐学科的德育功能必须做到以下两点。

1. 过程与结论的统一

对一门学科来说，过程表征该学科的实施过程与探究方法，结论表征该学科的探究结果，两者是互相作用、互相依存、互相转化的关系。就音乐学科而言，我们最终渴求获得的是相应的教学实施探究与学科的德育功能和良好效果的统一，是合理运用生成性的方法与过程使学生的理智过程和整个精神世界获得实质性的发展与提升的统一。

正因如此，要重视教学过程设计，强调学生探索音乐新知的经历和获得新知的体验，这是学生获得长效的音乐学习能力、智慧发展的内在要求。

2. 认知与情意的统一

学习与教学过程是以人整体的心理活动为基础的认识活动和情意活动相统一的过程。音乐学科强调学科价值与人文价值的统一，强调学科价值与人的自然价值的统一，从而使学生建立正确向上的道德观，确立对真善美的价值追求，养成音乐学习的良好习惯，构造丰富的情感世界。

三、学习评价的设计

课堂教学中的学习评价，是指对学生在学习活动中各种素养发展的认定，可分两个方面进行：一是结合课堂教学的过程，将学生音乐学习过程中的音乐素养按“从无到有”“从少到多”“从低到高”“从零星到系统”等级别进行评价；二是结合学生成长记录册中的栏目，对学生进行总结性评价。

（一）教育评价的功能发展

按照现代评价理论，评价的功能是引导被评价者按照目标的要求衡量其努力的结果同目标之间的距离，或看到被评价者的成功，或使被评价者明确还需要哪些努力。总之，评价的目的是激励其发展，而不是仅仅给被评价者一个判断和一个分数，应实现评价的“升值”。对学习评价的具体建议如下。

1. 针对课程目标实施多元的综合评价

音乐学习评价要改变以往只重视检查学生音乐知识和技能、技巧掌握程度的片面做法，要更关注学生掌握知识与能力的过程、方法，以及情感、态度与价值观的形成。因此，音乐学习评价要注重形成性评价，强调发展性评价，进行定性与定量相结合的评价。评价应以音乐课程标准为依据，以课程目标为对照，提倡民主、开放和多元，要做到学生自评、互评及教师评价有机结合，力求全面客观，以学生发展为本。

2. 要认真使用好学生成长记录册，完善音乐学习的“档案袋评价”

为全面了解学生学习音乐的情况，要逐步建立学生音乐学习的“档案袋”。

把学生对学习音乐的兴趣，参与合作的态度，不同方式的演唱、演奏、舞蹈和律动表演能力，即兴创造，有目的的创作成果，都如实记录在案。体现“档案袋评价”精神的学生成长记录册主要由学生自己记录，也可以包括同伴的评价、家长的评价、教师的观察和音乐成果的展现记录等。同时，还可将学生的音乐特长、特色列入其中，鼓励学生的个性发展。

评价必须发挥激励功能，以促进学生的成长与发展。要认真探索“质性评定”的可操作性，全面、科学地体现小学音乐教学的改革价值，以评价来引导并规范学校音乐教育教学，使音乐学科的学习评价更有序、有效地促进学校音乐教学的改革。

（二）音乐课堂学习评价的基本方式

小学音乐课堂教学中，关于学生学习评价的基本方式，不同的视角有不同的分类。

从评价的对象看，有对学生的个体评价和对群体的评价。

从评价的主体看，有学生自我评价、学生互相评价和教师评价。

从评价的时间看，有课前评价、课中评价和课后评价。

从评价的结果看，有过程性评价和总结性评价。

从评价的表达看，有定性评价和定量评价。

第三章　小学音乐创造力教学的方法与策略

第一节　音乐创造力教学中的教师、学生和环境

一、音乐创造力教学的概念

迄今为止的文献中尚无音乐创造力教学的相关定义，我们可以借助创造力教学的概念认识音乐创造力教学。

有些学者认为，创造力教学是一种鼓励教师因时制宜、变化教学的教学方式，目的在于激发学生创造的动机，鼓励学生创造的表现，以促进学生创造才能的发展。有些学者认为，创造力教学是教师运用适当的教学策略，发挥学生创造性潜能，促进学生形成创造行为，并培养学生创造性人格的教学活动。有些学者认为，创造性教学是指导学生发展创造才能，鼓励学生经由创造过程学习有效创造的活动。

还有学者认为，创造性教学是以创造学、创造心理学和创造教育学的基本原理为指导，运用科学的教学方法和教学途径，在传授知识、发展智能的同时培养创造性、开发创造力的教学。简单地说，创造性教学是为了实现教育目的，由教师创造性地教与学生创造性地学共同构成的教学活动过程。

音乐创造力是一种以创造性思维和创造性人格为基础，新颖、独特、适切地表达音乐情感体验或创造音乐的能力。因此，音乐创造力教学需要教师通过适当的教学策略，实施创造性的音乐教学行为，促使学生创造有创造性的产品，以发展学生的创造性思维和创造性人格，从而提高学生的音乐创造力。音乐创造力教学应遵循整体教学的一般规律，围绕教学内容、教学策略、教学过程开展，处理好教师、学生、教学环境等教学构成要素之间的关系。

任何教学研究都离不开三个因素，即教师、学生和教学环境。这三个因

素作为教育的实施者、学习者和教育中介，是教学的关键要素。音乐创造力教学的目标是培养具有创造性表现的学生，这需要具备能够进行创造性教学的教师和有利于培养创造力的教学环境。另外，音乐创造力教学还涉及与教学相关的其他要素，如教学方法、教学内容等。

二、教师

学生创造力发展最重要的推动者是教师，教师的角色对学生创造力的培养和创造条件的实现来说是至关重要的。首先，教师对学生的创造性要信任，对学生的创造行为要予以充分认可。其次，教师要建立一个自我鼓励的氛围，让学生建立信心。

教师的类型有以下四种。第一种，强硬专断型。此类教师对学生严加管控，监督严厉，纪律严格，其学生的表现更多的是屈服、推卸责任、不愿合作。第二种，仁慈专断型。此类教师不认为自己独断专行，他们也关心学生，但专断症结在于太自信，将自己的个人标准作为班级一切工作的标准，其学生过于依赖教师。第三种，放任自流型。此类教师缺乏信心，没有明确目标，也不提供帮助和方法，其学生推卸责任、道德品行差、学习差。第四种，民主型。此类教师和学生共同制订计划和做出决定，鼓励集体活动，客观表扬和评价，乐于给予学生指导和援助，其学生互相鼓励、承担责任、喜欢合作，有巨大的创新动机与热情。

教师在促进课堂的创造性时要注意以下几方面：尊重每个学生的个性；和学生建立友好和谐的关系；灵活地、变通地适应学生的需要；对学习和生活充满热情；引导学生探索美妙的音乐世界；帮助学生认识音乐和社会的关联性；认识到学生的创造力；激起学生对音乐的好奇，直到学生心满意足为止；通过充分的经验和准备工作拥有足够的自信和安全感；在学生创造力发展的每一步都有一些聪明的计划；做一些关于音乐的令人兴奋的和有意义的研究；认识到一些社会团体资源的重要性；在赞扬学生的作品时，客观地表达自己的见解，并且根据自己的经验给予学生额外的鼓励；了解丰富的材料知识并熟悉指导性的手势；选择有一定个性的和恰当的装扮。

教师自身的性格特征对其教学的行为方式有非常大的影响，不同个性的教师会产生完全不同的教学风格，这些不同的教学风格又将为教学带来不一样的效果。有助于学生创造力发展的教师往往具有以下特点：注重培养学生学习的主动性；能放下权威的架子，与学生合作；能发展学生思维的灵活性，鼓励学生独立评价，重视提问；延迟判断，对学生进行创造性的思维训练；注重对学生进行挫折忍受力的锻炼。

教师在培养学生创造力的过程中应做到以下几点：对学生的态度是信任的，相信学生可以自主选择他们感兴趣并能积极参加的活动；经常和学生沟通，鼓励他们去尝试新事物，鼓励他们富有创造性地思考和表达自己的想法；建立轻松和相互尊重的课堂氛围，这种氛围能传递给学生一种信号，即冒险和犯错是可以的。

创造力观念的强弱是影响教师创造课堂的主要因素。教师的音乐创造力认知观，主要体现在四个方面，即有创新意识的学生、创造性的环境、创造过程、创造性音乐成果。音乐专业知识和师范教育课程能对教师的创造力认知观产生重要影响。贯串教师职业生涯的教学活动经历也造就了他们在课堂上对音乐创造力的认识。奥斯卡·奥德纳（Oscar Odena）和格雷厄姆·韦尔奇（Graham Welch）在研究中形成了关于教师对音乐创造力的“认知模型”，认为教师对于音乐创造力的认知受进入学校之前和校外经历的影响，会与被称为“持续反馈体系”的教学环境持续交互作用而发生变化。

教师的创作经历对于其开展创造力教学来说也是非常重要的。有一些音乐教师非常成功地在他们的音乐教学中加入了即兴创作活动，有一些教师却非常害怕在他们的课堂中做这样一些即兴创作活动的挑战。

通过有关教师创造力教学的研究，有学者提出“创造型教师”的概念。创造型教师，就是那些善于吸收最新教育科学成果，将其积极运用于教学，并且有独特见解，能够发现行之有效的新方法的教师。知识结构、教学能力及创造品格都是教师创造素质的构成内容。知识结构包括开放综合的知识背景、脑科学知识、心理科学知识。教学能力包括引导学生心理发展的能力、灵活处理教材的能力。创造品格包括独创性、探究性、责任心、灵活性。该研究谈到，创造型教师在教学中的作用表现为：坚持以学为主的教学原则，创设使学生主动参与教学活动的氛围，尽可能多地为学生提供实际活动机会，布置激发学生创造力的环境，进行多元化的教学评价。

毋庸置疑，教师作为教学的推动者和引领者，在创造力教学中起着关键作用。而教师对创造力的认识与理解，对自己在教学中的角色定位，以及教师自身的性格特征和曾经的创造经历都会成为影响其教学效果的重要因素。

三、学生

对学生音乐创造力的培养要把握好教育的时期，为了不危及学生的创造性发展，可以鼓励音乐教育者在早期阶段就关注学生音乐创造力的发展，且这种发展要与学生的音乐能力和创造能力保持一致。

喜爱创造的学生往往富有创造性的性格。那么，哪些性格是有利于创造力发展的呢？富有创造性的学生很可能从小思考方式就和别人不太一样，他们喜欢复杂的东西，希望能对事物获得更高层次的理解。他们的身上有着很多特征，包括焦虑与自尊、希望自由选择、渴望社会接纳、叛逆性、容忍模糊、喜欢挑战、内在动机强和愿意承担风险等。有创造性的学生还具有以下特征：对自己的信念坚定不移，有强烈的好奇心，沉醉于自己从事的工作，感受性高，思维独立性强，善于利用自己的直觉，不迷信权威，敢于冒险，富有幽默感，态度乐观，成就动机高，想象力强。

情感因素是学生创造力发挥的不可忽视的一个影响因素。大多数人常常会把创新与伟大的艺术创作或音乐联系起来，或者联想到精巧的新式发明。创新首先是日常工作和闲暇生活的一部分，其方法只是用来提高解决问题的能力，以及增强创新性的表达能力、人际交往能力和对社会关系的洞察力等。创新活动就其本质来说，是一个情感活动的过程，是一个要求非理性因素和情感因素共同强化的智力过程，尤其是学生时期的创造。许多解决问题的方法都是理性的且需要智力活动的，而非理性因素的介入可以增加创新观念产生的可能。在解决问题的情境下，为了增加成功的可能性，必须理解感性成分和非理性因素。

同伴关系能反映儿童个体或团体寻求满足需要的心理状态，因为创造力教学通常以小组合作和集体合作的形式展开，所以它是影响创造力教学的重要因素。同伴团体的形成过程分为五个时期：①孤立期，儿童之间还没有形成一定的团体，各自在探寻与谁交朋友；②水平分化期，由于空间的接近如座位靠近、上学同路等自然因素，儿童之间会建立一定的联系；③垂直分化期，儿童凭借学习水平和身体能力的高低，分化为居于统治地位和被统治地位的儿童；④部分集体形成期，儿童之间分化并形成若干小集体，并各由其领袖统率；⑤集体合并期，各个小团体出现联合，形成大团体，并出现统率全年级的领袖人物。

学生对音乐创造的认识和对创造概念的理解，会影响其创造的结果与创造力的发展。要想培养学生的音乐创造力，不但要把握好学生的年龄阶段，启发学生的创造性个性，还应处理好课堂活动开展过程中的同伴关系和师生间的情感交流，加强学生对音乐创造力的正确认识和理解。

四、教学环境

所有社会和环境因素都被认为会影响创造力，这种现象在课堂上最明显。可以将环境因素划分成不同的种类，包括同龄人的影响、教师的特点和行为，以及课堂环境。教学环境必须能够满足学生的基本需求，支持他们进行各种创意活动，并尊重个体的差异性。有安全感的环境对学生来说，是一种能够冒险、能够探究有趣的材料而不用担心批评或嘲笑的环境。这种心理上的安全感无疑可以促进学生的创造性行为表现。

对于教学来说，课堂氛围是一个值得考虑的重要因素。创造力的发展必须在自由而安全的气氛中才能进行。自由就是尽量减少对学生的行为和思维的无谓限制，给其自由表现的机会；安全就是不对学生的独特想法进行批评或挑剔，使其消除对批判的顾虑，获得创造的安全感，敢于表达自己的见解。

关于创造性课堂的研究，主要集中在“开放式”教学和传统教学环境的区别上。开放性教学通常被认为是最普遍的教学方式，包括空间的灵活性、学生参加活动的积极性、学习材料的丰富性、周围环境的结合，以及更多的个体或小团体而非大团体的导向性。相反，传统的课堂教学包括考试、评分、权威的教师、大团体的引导，以及比较稳定的、充分的准备，大量证据表明开放性教学与创造性相关。

在文化系统观下理解学生的创造力，学生的音乐创造力会通过他们主动融入一个文化体系而获得，因为被每个人认可的东西，都建立在特殊文化背景下，在彼此共享的思考与行动基础上。音乐创造力是以多种方式出现的，有多种定义，并且有多种评判方法。那么，学校、教室、课堂中的“文化背景”由谁掌控，“评价专家”由谁担当呢？当然是学校的领导者和教师。这些会成为整个教育环境中制约学生创造力发展的因素。关于文化环境和社会背景的关系有待深入研究，在此先不做探讨。

从以上的分析中可以看出，教师、学生和环境因素都是影响音乐创造力教学的核心要素。教师的教、学生的学，以及教学环境的营造，都与教学效果直接相关。学生创造力的培养是由教师与学生双方在特定的教学环境中，不断相互作用完成的。其中，教师是教学活动的主体之一，其教学行为受到自身性格特征、创造力观念、创作经历等因素的影响。教师既通过演示、引导、鼓励等教学行为与学生发生交互作用，传授音乐创造方面的知识，又通过营造课堂氛围、布置课堂环境、设定适宜创造的教学评价标准等改造着环境。学生所处年龄阶段的人格特征、情感因素、同伴关系，以及对音乐创造的认识和对创造概念的理解，会影响他们创造力的提升。

第二节　创造力及音乐创造力的教学模式

教学模式是指在教学实践中形成的，具有一定指导性的简约理念和可照做的标准样式。教学模式具有为完成一定任务而活动的方法特性，但不同于单一因素的某种方法，它是在一定的理念指导下多种方法的特定组合，既具有简约的理念特性，又有可照着做的实践特性。创造力教学模式与音乐创造力教学模式的区别在于，创造力教学模式没有对学科进行限制，可以应用于一切学科教学，而音乐创造力教学模式专用于音乐学科。

一、创造力教学模式

（一）创造性思维和创造性倾向教学模式

爱德华·F. 威廉斯（Edward F. Williams，以下简称“威廉斯”）是著名的创造性教学研究专家。他主张人的创造性由两个相互联系、相互促进的因素构成，一个是创造性思维能力，另一个是创造性倾向。前者属于认知范畴，后者属于个性范畴。由此出发，他认为创造性的教学目标，除发展学生的创造性思维能力外，还应该培养学生的创造性倾向。这是一种强调教师通过课程内容，运用启发创造性思维的策略增进学生创造行为的教学模式。威廉斯所定义的创造性教学，应该是教师创造性地教、学生创造性地学和教学内容创造性地编排三者的结合体。

由这一构想出发，威廉斯的模式呈现一种三维结构，分为三个层面：第一个层面是学科教学课程，包括语文、数学、社会、自然、音乐和艺术；第二个层面是教师教学策略，包括矛盾法、属性列举法、比拟法、辨别法、激发法、变化法、探索法、直观表达法等；第三个层面是学生的创造性行为，包括思维与个性两个方面。这种模式强调教师运行创造性教学策略，通过学校现行学科的教学内容，促进学生创造性思维能力和创造性倾向的发展。

威廉斯创造性教学模式的构建强调教师、学生及课程三个变量的统一与相互影响。对于学生的创造力发展，此模式聚焦于创造性思维和创造性人格的培养，强调认知因素与个性因素的综合作用。可以说，这是一个全面的、综合的创造性教学模式。

（二）创造性问题解决教学模式

悉尼·J. 帕尼斯（Sidney J. Parnes，以下简称“帕尼斯”）的创造性问题解决教学模式的核心观点为：①每个学生都有不同程度的创造力，这种创造力是可以通过培养提高的；②培养学生的创造力不能离开预先的知识储备，否则便不会成功；③人的创造力是在运用知识解决问题的过程中表现出来的，脱离问题的解决过程便无创造性可言；④在有创造性地解决问题的过程中，发散思维和聚合思维的有机结合是创造性思维的基本操作方式，创造性产品是这种结合的产物。基于这些观点，帕尼斯提出创造性问题解决教学是培养学生创造力的有效途径。

教学从探索开始，探索导致发现，发现带来解决方法。教学过程的核心部分是指导学生的发现活动，探索是发现的动因，而解决方法是探索和发现的结果。

帕尼斯的创造性教学模式建立在“创造力是解决创造性问题的能力”这个定义的基础之上，他所构建的模式及其应用，在西方创造教育与教学中影响很大。那么，音乐创作（如音乐乐思的创新、发展或改编）也好比是一个音乐问题的解决过程，教师可以启发学生在发现问题、探寻问题不同答案的过程中培养音乐创造力。

（三）“爱的”（ATDE）创造性思维教学模式①

“爱的”创造性思维教学模式是由教育学家陈龙安教授提出并倡导的。陈龙安在国外创造性教学模式的基础上，结合自己长期的创造性教学实践，提出了该模式。

“爱的”教学模式由问（asking）、想（thinking）、做（doing）、评（evaluation）四个要素组成。这四个要素代表的意义分别为：“问”，即设计或安排问题的情境，教师提出富有创造性的问题以供学生思考，应特别重视聚合性问题及发散性问题的提出，以便为学生提供发散创造性思维与解决问题的机会。“想”，即教师提出问题后，应鼓励学生自由联想、发散思维，并给予学生思考的时间以寻求创意。“做”，即利用各种活动方式让学生从“做”中学，边想边做，从实际活动中寻求解决问题的方法，而且能够付诸行动。在该阶段，不同的活动方式是指写、说、演、唱等实际操作活动。“评”，即师生共同制定评估标准，共同评鉴，选取最适当的答案，是创造性思维由萌芽进入实用的阶段。此阶段强调的是师生相互的反馈与尊重，也能体现创造性思维延迟判断的原则。另外，在教学模式的选择上，陈龙安提到应考虑教学环

①陈龙安．创造性思维与教学 [M]．北京：中国轻工业出版社，2000.

境及教学模式本身，必要时必须综合数种模式，以适用于不同情境。

“爱的”创造性思维教学模式主要有两个显著特点：①对教学技法的研究，即教师如何运用教学方法启发学生创造；②对教学环境的探讨，即教师与学生平等相处，共同学习，容忍不同的或相反的意见，以及营造和谐的教学气氛。

二、音乐创造力教学模式

（一）音乐创造性思维模式

彼得•R. 韦伯斯特（Peter R. Webster，以下简称“韦伯斯特”）是一位在创造力教学和音乐教育方面均颇有建树的著名学者。他提出了音乐创造性综合概念的培养模式。

模式顶端的创作、表演、即兴创作、聆听，被当作音乐创造的目的，即音乐创造的初衷。模式底端的创造性产品是音乐创造的结果。这一模式的中心是在“发散思维”和“聚合思维”之间转换的思维过程，这一转换又随着时间的推移经历“准备期、酝酿期、阐明期和验证期”这一过程。思维过程由内在的音乐能力和外在的条件使然，并最终形成音乐产品。具体来讲，创作者在开始音乐思考的时候，通常会有一些与创作、表演、即兴创作、聆听与分析（创造意图）相关的想法。随着这些意图的建立，创作者会使用所需的技巧，并且这些技巧通常会受到环境的影响。因此，思维的过程就这样产生了。下面具体解释支撑思维过程的“有效技巧”和“有效条件”。

1. 有效技能（或支撑技能）

韦伯斯特认为，每个学生必须具有一定的天赋，并且对成功创作有一定的概念。同样，学生对美的敏锐度也是非常重要的。学生以最简单的概念理解为起点，比如旋律上行、下行、重复、对比，然后把技巧学习运用于创作中。音乐技能强的学生对这个过程的体验与实践更强，其思维的过程也将激发他们的学习兴趣，并且能够和课堂体验不丰富的学生互相融合，这样循环往复，所有的学生都将获得对概念的理解。

2. 有效条件（或支撑条件）

有效条件也指必备的有效环境。韦伯斯特把创造性思维过程分为两个主要区域，即个人的（每个学生在课堂上所表现出来的特质、学习动机）和社会的/文化的（环境、同辈影响、过去的经历、设置的任务）。音乐创作课堂提供的环境空间应该是“安全”的，在这个“安全的空间”内，音乐创造和音乐探索会得到大力提倡。在课堂上，每个学生都会面临有待解决的音乐任务或音乐问题——以小灵感开始，教师应鼓励每个学生形成解决问题的观点，这样可以使学生有机会在解决任务的时候培养一定的音乐特质和音乐倾向。教师还要努力结合不同水平的音乐成就，并且在这个过程中鼓励学生进行合作。因此，在教学环境中为学生提供有效的条件以解决问题也是非常重要的一个环节。

韦伯斯特是首位在音乐教学中如此强调创造性思维的学者，他强调的思维对音乐创造力教学的重要性这一理念，与 J. P. 吉尔福德（J. P. Guilford）把创造力界定为思维的理念是一致的。此模式的最大贡献在于两点：①充分认识到个人能力与外部环境的共同作用对创造力教学的影响；②为音乐学科中的创造行为表现找到了依据。

（二）创思音乐教学模式

“创思音乐教学模式”主要包括四个阶段，即引起动机、模仿与联想、启发、回馈。

第一阶段为“引起动机”。该阶段的目标主要集中在如何激发学生音乐创作的好奇心，从而使其主动进行探索、讨论、反省和创作等活动。为了提高学生学习兴趣，教师首先需要提出一个有趣的音乐课题，而这个课题将是整个活动的核心，学生将围绕该课题进行聆听、分析、表演及创造活动。在这一阶段，提供相关音乐知识和技能训练是另一个重要的步骤。

第二阶段为“模仿与联想”。这是一个以学生为本的教学阶段，教师应该鼓励学生自发地探索声音以创作音乐，学生可自由选择个人创作或二至四人的小组创作。教师应该提供充分的自由让学生自行选择乐器、曲式或音乐风格等。

第三阶段为“启发”。这是学生完成作品的过程，学生需要决定其作品的最后面貌，以此作为演出的依据。同时，教师应尽力协助学生彩排以确保演出的成功。

第四阶段为“回馈”。学生完成演出之后，教师需带领学生讨论，并对表演进行反馈。教师可先访谈参与创作和演出的同学，其后也可邀请其他同学分享聆听后的感受。讨论内容应围绕该作品的本质、创作过程，以及影响作品的要素等展开。

此教学模式的主要关注点在于对教学过程的阐释，其最大的优点是把教师行为与学生行为进行了很好的融合。

第三节　小学音乐创造力教学的内容

任何教学目标的实施，都必须以相应的教学活动为载体，并与具体的教学行为相结合。音乐创造力的培养，应当在相应的创造力音乐教学行为中展开和完成。关于小学生音乐创造力的培养，许多国家的音乐教育理念都明确提出用音乐学科培养创造力的理念诉求，并在国家课程标准中规定了相关的教学内容。

在音乐教育的课堂教学中，创造性的训练无处不在，无论是作曲教学、即兴教学，还是表演教学、欣赏教学，这些教学形式都是培养学生创造力的极佳方式。

一、作曲的创造力

作曲，在音乐领域称为“一度创作”。作曲过程本身就是一个从无到有的创造过程。让学生学习作曲的做法在西方的音乐教学中一直备受重视。作曲有助于学生的学习，它能发展学生的认知技能，并激发学生新颖的思维方式。学生的每一次作曲都是一种经验学习的过程，作曲不仅会产生产品（作品），而且会产生新的理解水平和知识水平。正如创造性的故事写作能帮助一个人意识、阐明、组织和发现思想和想法，作曲过程也一样，实验、探索、综合和组织声音既能帮助学生发展音乐才能，又能帮助他们意识、阐明、组织和发现人类意识生活中的思维、想法和感觉。

在作曲过程中，学生的想象力能得到发展，这有利于其创造性思维能力的提高。作曲以一种非常自然的方式，让每一个学生都有机会展示他从课堂教学和活动中学到了什么，比其他任何课堂学习活动更能让学生凭借自己的理解水平学习。

作曲的过程是思维进行分析、创造和使用的过程，以及不同过程相互作用的综合体。学生用创造性方式应用所学的东西时，也在巩固他们的音乐专业知识，发散他们的音乐创造性思维。从教育的视角来看，每一个学生都是有能力进行创作的，而且在学校教育中，用作曲的方式来培养学生的创造力，为学生提供一个正确的学习环境，早已不是什么新鲜事。

二、即兴的创造力

即兴，在音乐中也称为即兴创作或即兴表演。即兴能力，反映的是一种未经事先约定的、未经事先规划的突发行动。即兴有两个重要的维度，即立即性与创造性。在即兴创作及表演中，表演者事先不做太多准备，而是临场一边创作一边表演。在这一过程中，演奏者会将其积累的音乐知识、音乐感觉、表演技巧及内心的冲动，瞬间爆发出来。由于其过程具有不可预知性，需要演奏者具有流畅的创造性音乐思维，同时还需要充分的想象力、协调应变能力等诸多因素的配合。即兴能够促使创造力最大限度地发挥，因为即兴不局限于乐谱与音符，而且在即兴没有终止的状态下，第一时间的、瞬间的灵感会源源不断地流淌出来。

即兴作为创造力的基本形式，应当被认为是创造性思维的助推力，因为它能激发学生运用想象力、决策力去创作原创音乐，当然这些取决于不同年龄段学生所展示的音乐结构表现力。

进入最终的音乐表演之前，演奏者必须具有一定的即兴创造能力。只有经过专门的即兴创作与表演练习，演奏者在演奏别人创作的乐曲时，才能够发现那些在乐谱之外才能听到和感觉到的各种细微的差别，才能完成真正具有音乐性的创造性表演。

在对创造力概念的理解中，一个重要的评判标准就是创造所产生的产品（结果或作品）。“即兴”的创造性和“产品”的创造性不同，产品的创造性包含着长期的创造工作，并由这些创造工作最终形成创造性的产品，而即兴的创造性，其过程即产品。

即兴创作的即时性、偶发性、过程性和不可预见性，非常有利于发展人的思维，能促使人进行想象，促进演唱、演奏水平的提高，是音乐创造能力的最佳体现。

三、表演的创造力

断定一位优秀的音乐家是创造天才时，是在认同他们的创作能力还是他们的精湛表演？不仅作曲是在创造音乐，音乐表演也是一个再创作的过程，表演者对作品的演绎就是一个再创作的行为。在此过程中，表演者会对作品的框架、配乐及细微的元素等进行改造。

从某种意义上讲，表演者的演绎是在原作者提供的框架基础上，又编创出的一个新作品。因为表演者作为呈现音乐的实施者，在表演时会对行动进行有目的的选取，他既要对乐谱所定义的声音模式和行为模式进行思考，又要对那些没有明确指明的指导原则，包括音乐实践的历史和标准、诠释的多种可能性、特定情境中产生的反馈及他们自己的音乐判断和直觉进行相应思考。

成功的表演可以使音乐的潜在价值得以充分发挥、补充、丰富，拙劣的表演则会妨碍其潜在价值的展现，甚至化美为丑。所以，具有创造个性的一次次表演可以丰富作品的潜在价值。

因此，个人主观判断的表演，反映的是表演者通过创造给予乐曲的新颖的、重要的诠释，这些会使其表演更具有个性化的创造能力。

四、聆听的创造力

教学活动中的音乐聆听也指音乐听赏或音乐鉴赏。因为所有种类的音乐活动都不可避免地要通过听赏来关注音响，所以音乐听赏是所有音乐活动的中心。只有将听赏作为一种创造性的活动来理解，才能丰富适合学生的听赏经验。

教师应当在对声音的想象中教授学生彰显他们在音乐欣赏中的个人特色，这种彰显能使学生在欣赏音乐时想象出某些音乐的片段。在音乐欣赏中，教师应注意到学生的发散思维和聚合思维。为了建立学生的音乐品味，教师应要求学生用发散思维和聚合思维进行想象和创作，这有助于他们本能地形成音乐审美。

在现实的意义上，没有想象力、独创性、发明精神等的聆听，就是没有创造性的聆听。因为除非是对杂乱而无意义的声音，不融入个体的想象力就针对所听到的声音创造有意义的行为，是根本不可能实现的。

在聆听音乐的过程中，听众构建了聆听心理对象，他们依照自己的音乐技能、知识背景、态度、聆听对象，对听到的音乐做出各不相同的反应。这些心理对象是被听众选择、分类、组织的，也是与其记忆对象相关的，它们转化成组合那些记忆对象的各种方式，或形成一个心理模式——听众对音乐作品独一无二的认识。因此，这种对心理对象的体验需要聆听者发挥自己的主体性，对音乐作品给予创造性的理解与诠释。音乐在表达具体事物时，其方式是不明确的、非单一的，人们在音乐聆听中的意义打造、创意反应、作品阐释，以及对音乐的个性化艺术评价，都是他们踊跃参与创造的最普通的途径。

五、其他形式的音乐创造

音乐活动需要不同种类的创造形式，当然这也取决于创造形式是否在恰当的时机出现。有学者提出创造性的音乐活动有四种形式，即作曲、即兴、理解和表达。

让学生通过声音探索、音乐元素处理、图形谱创作来建构知识，培养创造力和音乐理解力是十分有效的，并且这对训练年幼的学生进行合作学习所需要的多方面能力也是必要的。

创造性思维仅仅是缓慢地超越已有的东西，当它超越时，更多的是对过去的一种修改而不是完全拒绝。这说明创造并不仅仅是全新的、原创的，有许多形式是在原有基础上的变化，是基于前人音乐思想的发展，是建立于已有经验上的创新，这些都是创造性的表现。例如，音乐改编也是一种富有创造性的音乐活动。改编是在原有音乐的基础上添加新的元素，以体现其创新性。音乐改编的形式有很多种，如改编旋律、改编动作、改编节奏等。

综上所述，音乐创造力的表现形式是多元的、丰富的。音乐是一门极富创造性的艺术。音乐创造力的提高以发展创造性思维和创造性个性为前提，对于思维能力和个性品质处于高速发展期的学生而言，音乐创造力的培养理念应贯串一切音乐活动。

第四节　小学阶段音乐创造过程的特点

学生是教学活动的主体，音乐创造力教学实质上是教师引导学生获取知识、进行创造的过程。概括与阐释学生音乐创造的过程及其特点，对教师有效地设计课程、提高教学质量有重大意义。

创造力发展的核心是发展创造性的想象力，而想象是孩子在游戏与玩耍时极易产生的。孩子的玩耍在本质上非常具有创造性，这也证明孩子具备“原创性和有用性”（评判创造性产品的主要因素）。他们在进行音乐游戏与玩耍时，实际上是在进行音乐创造。

学生进行作品创作的步骤通常有四个：①寻找声音源；②决定每个个体在这一创作中的角色；③为每个乐器选择合适的曲调；④决定作品的主题或创作的歌词。这也说明了学生进行音乐创造的第一步是探索。学生的创作是一段一段地展开的，他们往往希望这些片段式的音乐像是听到过的，而且希望这些片段式的音乐是似曾相识的想法，而并非创作开始时才有的。此外，学生会发现在共同创作的过程中，选择的乐器决定了他在创作团体中的角色。例如，没有经验的学生总是会回到乐器架旁，不断选择新的乐器来演奏。尽管选择乐器是音乐的一种探索模式，但是学生如果将注意力都集中在选择乐器上，最终会使他们与创作失之交臂。另外，有经验的学生选择的乐器往往会成为整个团体的导向，可以为创作提供更多的音乐素材，直到最后完成创意作品。这些学生一旦有了一个音乐的想法，马上会通过组织、评估、修改和精炼作品，融入集体工作的氛围。学生在发展他们的音乐想法时，经常会回到最初的音乐创作阶段（寻找音乐素材的阶段），也时常不依据教师或同龄人的反馈来进行作品的提炼。学生准备表演作品时，他们必然确信这个作品是完整的，否则不会持续进行创作。

歌曲创作是音乐创造的一种重要行为方式，年幼的学生更能用富有表现力的元素进行正式结构的歌曲的创作。

儿童在发展即兴表演能力的过程中，其创作呈现阶段性特点，分为七个层次：①探索研究，这是一个即兴表演前的行为，表演者随意地发出一些声音，无法控制表演的媒介和材料；②以过程为导向的即兴表演，表演者开始利用较一致的音乐材料做出即兴表演；③以结果为导向的即兴表演，表演者开始关注观众的反应，运用曲调、节拍等音乐材料，让观众能够预料即将到来的表演；④流畅的即兴表演，表演者对乐器或人声的操控达到放松和自动的程度；⑤结构化的即兴表演，表演者能够运用一系列的策略设计整个表演的结构；⑥风格化的即兴表演，表演者能应对不同的要求做出适合音乐风格的即兴表演；⑦个人化的即兴表演，表演者能表演既有的风格，从而达到个人的表演风格。这些阶段是可以逐步发展的，并不对应某个具体的年龄组，而对应逐步发展的即兴表演技能，依赖学生乐器技能的发展、音乐知识的提升和对音乐类型的广泛学习。

根据以上研究可知，小学阶段儿童的音乐创造主要具有以下特点：①借助想象与幻想。小学阶段儿童的创造往往来自他们对世界的想象和幻想，这与成人的创作方式有所不同。②从“过程导向”向“结果导向”转变。低龄儿童在进行创造的时候不一定会“直奔主题”，他们会把许多时间花在创造的过程上，高龄儿童则更多地以创造产品为导向进行创造。③从声音探索开始。探索通常是儿童进行创造的第一步，他们会在不同的乐器上尝试不同的声音，这基于他们对身边各种音源的兴趣与好奇。④良好的抉择力有助于创造的完成。能够快速判断与选择音乐材料的学生，比那些迟疑性强的学生更容易顺利地完成音乐创造。⑤从片段到整体。年龄越低的儿童越喜欢一段一段地创作音乐后再进行结合，年龄越高的儿童越能够进行整体性创造。⑥从无序到有序，逐步个性化。儿童起始阶段的创作总是显得杂乱无章，同时他们稳定的节奏能力和精准的情绪表现力都会随着年龄的增长而增强，音乐的有序性和结构性也将随之提高，并逐步彰显学生的个性与音乐的风格。

第五节　小学音乐创造力教学的方法与策略

教学方法在教学活动中具有重要的意义，良好有效的教学方法是完成教学任务的必要手段，它关系到教师组织与引导学生学习与运用知识及获得发展的程度。音乐教学法往往伴随多种音乐活动的开展，活动的方式不一样，活动中师生所处的地位、构成的关系及其积极性发挥的状况也不一样，其教学效果与质量亦相差悬殊。

一、小学音乐创造力教学的方法

在小学音乐创造力教学活动中，作曲教学、即兴教学、欣赏教学和表演教学都是主要的教学领域。在此，笔者就以下几个方面，提供一些建议。

（一）作曲教学

小学教学中的“作曲”并不仅限于乐谱写作，它属于一种更加广义的创作，如旋律创作、为诗歌创编曲调、歌曲创作、融合乐器与歌唱的综合创作等均可纳入作曲教学或者说创作教学的范畴。但此类创作活动相较即兴创作而言，给予学生的时间更为充足。

1. 在声音中漫步——带领学生进入音景

音景是适用于儿童的一种很受欢迎的创意性音乐活动，通常采用合作创作的形式，让学生共同研究、讨论与某个特定地点或经历有关的声音（可以是一个主题、一段经历、一首诗歌，或某个特别的地方的声音），并把它创作成曲子。比如，让学生尝试以“春天来了”为主题进行作曲活动。那么，先让大家一起想象春天到来的景象，再让他们列出可能出现的各种元素，如鸟的鸣叫声、树叶在风中的摇曳、微风拂过脸庞的感觉、青草的气息、上学路上的歌声……

在列举完所有的声音后，教师和学生选择四至五种他们喜欢的声音，然后决定按照何种顺序来演奏、欣赏它们。对每一种入选的声音，教师和学生一起用音乐的方式表现出来。不要局限于表现这个声音本身，还要讨论如何利用这些声音创造一小段音乐。例如，学生可能会想到用沙锤表示树叶“沙沙”的声音，用风铃代表微风拂面的感受，用钟琴的音色表达鸟儿愉悦的歌唱。教师还可以问他们树叶的声音是否有所改变，并且让不同的学生在乐器上演奏这些变化的声音。在所有的讨论中，要反复强调“音乐”这个词，如音乐的感觉、自然现象的乐声、用音乐的方式弹奏乐器，让音乐漫步变得更加悦耳。

教师可尝试让学生做这样的操作：首先，拿出一张大纸，在任意一处画上第一个声音图画，可以是图表、乐器、草图、其他符号、拟声的音节或言语。把选择的每个声音都用这种方式画下来，直到大纸上有四至五个声音图画。讨论从一个声音转向另一个声音的不同方式（跑步、散步、跳跃、游泳、滑行），然后根据喜欢的演奏顺序，把图画标志和声音图画联系起来，用所选的标志代表乐章的不同特色。接下来，教师可以和学生合作，用音乐的方式“翻译”这些乐章的标志，并且让学生体验和演示使用身体打击乐，对声音和各种乐器进行探索。然后，选几组学生有感情地演奏不同的片段，并且在他们练习的时候为他们伴奏。之后继续排练这支曲子，讨论如何让它听起来更加动听。最后，进行展示与演奏。

这种教师与学生联合作曲的方法，对创造性教学有重要意义。因为它能为教师提供机会，将许多学生集合在一起创作、产生作品，表达和分享共同作曲的经历。

2. 寻找作曲中的“音乐常规”

音乐常规，是指制作音乐的一些普适、常见的法则。对普通音乐常规的思考有助于小组创作聚焦。来自全世界和跨时代的音乐都有一些共同的音乐常规，或是组织音乐素材的方式，它们在许多类型的音乐中是普遍存在的。

给予学生作曲方法的“整体概念”非常重要，它可以帮助学生发掘包含在作曲中的许多“整体化”的方法。比如，用“ABA”曲式创作可以表达两种不同的情感或两个不同自然事件的主题，可以用“完全重复”或“变化重复”的两段旋律叙述相同的结构性段落。这些“整体概念”的学习，可以从聆听体验开始并逐步深入。

3. 发展属于学生的记谱法

教师可以尝试让学生为他们的作品创造相应的属于自己的记谱法，或者给学生布置不需要传统记谱法的任务，这将大大促进学生的作曲学习。对富有想象力的孩童，一些创造性强的任务用标准记谱法可能会得到很好的表现，另一些任务用图像表示法或学生自己发明的表示法则会带来意想不到的效果。

使用非标准化的记谱法和学生独创的记谱法，可以让复杂创作的实现成为可能，也让学生有可能创作出不用传统记谱法表示的完整的音乐作品。

在教学过程中，对学生来说，能够熟练并精通探索声音、创造音乐织体或节奏型，也许并不是一件非常难的事情。但是，培养决定音乐的曲式、顺序等结构性内容的音乐能力，则需要一个长期的过程，这些能力对完成作曲任务来说是至关重要的。所以，可以尝试借鉴新的记谱方法，它能吸引学生通过视觉手段呈现音乐的复杂性要素——声音的走向、织体、音色及音长。

（二）即兴教学

即兴创作在基础音乐教育中是非常关键的一个部分。然而，很少进行此类活动的教师，往往非常害怕在课堂中接受即兴创作活动的挑战。即兴创作是一个创造性的过程，教师有必要控制好创造性的方向，并且降低学生在创造过程中的沉闷感和无趣感。教师可以找一些结构（或支撑），以帮助发展特定类型的即兴创作，这有利于学生技能的发挥。当学生处于即兴创作的探索阶段时，支撑的部分和限定性节奏的使用等可增加学生成功完成创作的积极性并减少难度。

1. 设置指导方针，从简单开始

对于很少进行即兴活动的教师来说，在课堂中开展即兴创作活动往往是他们担心的一项挑战。这里有一个建议提供给教师，即先具体指导，接着逐渐放松，最后完全放手。

学生在课堂上尝试即兴创作时，教师首先应设置指导（或支撑条件）。比如，可以提供一些音乐创作的背景元素，如音调、拍子和情绪，或者选定有旋律和节奏的乐思。一旦音乐的创作背景基调建立起来，教师就能通过给学生提供一些指导方针，如节拍的数量或者小节的数量、具体的音高、节奏时值、节奏或者旋律的形式、表达的要素等，进行即兴创作指导。

在课堂上进行即兴创作的初始阶段，学生往往很难同时对节奏和曲调进行创作。如果教师先提供一组节奏指导，学生们就会更容易完成曲调的段落创作，获取初步创作的成功。若创作被限定在一个特定的结构之内（如将某个指定节奏型运用在音乐的结束片段），则能帮助学生成为更成功的即兴创作者。

另外，使用五声音阶可以提高即兴创作初学者的成功率，因为它能够很好地避免音乐初创活动中大量不和谐音的出现。当学生可以自行运用五音音阶进行曲调创作时，教师可以鼓励学生在整个班级面前为大家即兴表演。一旦他们能表现自己创作的新乐句，就会表现得更加自信，并增加创作热情。

2. 阶梯式的即兴活动及游戏

即兴教学的内容有很多种，如节奏即兴、旋律即兴、动作即兴、不同类型的即兴表演，以及围绕某个主题展开即兴创作。即兴的内容不局限为声音，语言、诗歌、故事与动作、声音、节奏之间可以相互转换。除此之外，还可以从动作、故事、诗歌、噪音、音乐声响，甚至视觉形象中获得灵感进而创造。

3. 做一名自信的即兴型教师

教学方法是教师教学时的工具和手段，最终活动开展的成效还取决于教师对课堂的实时调控能力及自身所具备的音乐能力。

在即兴教学中，营造有利于学生勇于表现的教学环境非常关键，在这种环境中，学生可以展开想象的翅膀尽情地在创造的天地中遨游。课堂中不可有过多的斥责与抑制，而应鼓励学生大胆探索与尝试。好的即兴课堂是教师有张有弛教学的呈现，它不是仅靠教师“控制”课堂就能做到的，而需要教师与学生交朋友般地融入、参与学生的活动才能做到。只有教师真正成为与学生共同创作的即兴创作者，才能够产生优质的即兴课堂。

即兴教学需要教师受过一定的即兴训练，会对教学材料、方法、操作和游戏的多种变体进行创造、生成和发展。比如，在即兴演奏打击乐器时，要让学生学会以最能显示艺术想象力和技能技巧的方式使用简单的打击乐器，即便是一个鼓或刮响乐器也必须非常自信和有感觉地演奏，它们发出的声音绝不能是噪音，而要能体现各种音色的变化。如果想要用动作、声势呈现音乐的特点，教师就需要发掘简单易行的动作借以表现音乐。这不是要求每一位教师必须成为舞者，而是希望教师可以尽可能不断学习与思考。教师的语言要有感染力，根据教学需要，教师的声音应有轻重缓急，能够收放自如，像音乐般带领学生驰骋于音乐的世界。这也不是要求教师做一名受过极其严格发音训练的播音员，而是希望教师的投入源于自己的内心，源于对课堂的尊重和对学生的爱。

（三）欣赏教学

教师可能有很多途径感受音乐，但也有可能陷入常规，不知不觉地局限于一些自己喜欢的唱片和聆听方式。如果教师想在欣赏课中与学生擦出创造的火花，那么他必须是一名有创造性的聆听者。对此，笔者有以下几点建议：教师让自己接受挑战，听不同类型的音乐或者听一个不熟悉的音乐家的作品;尝试打破原有的音乐聆听习惯,进入一个特殊的听音乐的世界;想着让自己从音乐里获得更多,在听的时候可以与音乐建立联系,想象一个自己的理想世界。另外,可以通过一些细节试着弄清楚音乐里正在发生什么,并且欣赏它呈现出来的有创意的地方。比如,一边跟随旋律,一边跟随歌唱家或者演奏家看他们怎样诠释它,注意单个乐器的演奏,以及与其他乐器声音的混合。

1. 为聆听选择恰当的音乐

背景音乐的聆听,可以不需要一个明确的主体(如广播音乐、电梯音乐或衬托音乐)。但如果教师想要学生被音乐吸引,并从中学到一些特别的东西,就必须使音乐能在短时间内提供大量的信息。这就为我们在选择所要听赏的音乐的时候提供了准则:①简短的;②能给人惊喜且多变的;③丰富多彩的、独特的。

短篇音乐作品的选择为教师重复多次听音乐提供了很好的机会,反复多次地听音乐也可以培养教师对音乐的兴趣并且增强理解力。如果作品很长的话,可以用摘录的方法,整篇作品可以在后期或者在家里听。

通常来说,能给人惊喜的和多变的音乐,展现的是各种各样的速度和音量,它的每一部分都有显著的对比,对乐器和其他方面的呈现也比较好,它比长的音乐作品更容易使学生跟上,是开展有创造力的音乐聆听活动的理想选择。有惊喜的和多变的音乐也能够让学生快速地识别其特征,并在音乐中将它与其他部分区别出来。

丰富多彩的、独特的音乐能够促使学生通过不同的方法对音乐做出回应,这样的音乐可能有以下特点:在强弱上有对比,在速度上有对比,在乐器上有对比;运用一种或者多种乐器,有不同种类的音乐或者声音;有一些部分的改变或者转变,有新节奏型不断出现,有对之前旋律的不断重复,有一段识别度很高的旋律,有一种奇特的节奏;有一种对话,有一种黑暗的或者明亮的氛围;等等。这样的音乐更利于引发学生的想象,唤起情感和记忆。

2. 将音乐与“创造性”衔接

教师的角色就是创造活动的组织者和引领者。在创造活动中，教师应在适当的时候提出问题，把学生的注意力引到音乐上。开展音乐创造教学的教师也应是一个很好的观察者，能够参与学生的探索活动，引领他们更好地理解音乐。

教师提出的问题对于把学生的注意力引导到音乐上，鼓励学生对自己的反应做出解释来说至关重要。这些问题能将一种开放的、富有创造性的思维引入音乐制作和音乐学习课程。

3. 用创造性的方式对音乐做出回应

聆听音乐并做出回应，是创造性解决问题的一种方式。它可以弄清楚正在发生什么，可以与先前遇到的问题进行对比，也可以在把音乐用一种具体的形式表达之前先展开想象。教师应通过引导鼓励学生用各种方式对音乐做出反应，但是要一直将他们的反应与音乐本身相联系。学生可以想象与这个音乐相符的一种氛围、一种情感、一个故事、一幅画，或者把焦点集中到音乐的结构成分上，如整体的模式、音乐的结构、旋律和节奏的形态、乐器的特殊声音等。学生的反应还可以与音乐和课程学习的其他领域的活动相联系。

（四）表演教学

新的音乐教育哲学实践观启示我们，音乐表演对教学有重要意义。学生汲取了多少音乐知识，学会了什么，学得好与坏，只有通过他们的展示与外在表现才能检测。表演中包含的创造元素非常多，它们能提供学生发挥创造的空间。

在演唱教学中，教师可尝试教给学生多种唱歌方式，让他们领会每一种方式传递的东西有什么差异，即使音符没有变化。学生可以听到各种不同的音乐演绎方式，并加以比较，还可以将自己的演绎或想法融入其中。即使是在器乐指导课上，如吹奏乐器竖笛或使用小型的无音高打击乐器木鱼的指导课上，教师也应当重视不同的重音与节拍，这些都是体验音乐的简短示例。在很多起步的器乐理论书本中，都有供教师使用的简短独奏，这些独奏是非常优秀的媒介，教师应重视利用其中分乐句的演奏与音乐要素的表现来开展表演教学。

独特性的表演也要以对音乐的充分赏析为基础。教师可以列举一些作品进行比较，让学生对比作品的不同演绎方式，并且问他们哪些因素是常见的，哪些因素是不一样的。学生可以讨论作品中的哪些地方吸引他们，并尝试用语言表述他们的感受。例如，某种演绎方式能显示某一种要素，而另一种演绎方式会显示另一种截然相反的要素。这对他们深入理解音乐而言非常有利。若学生能够描述自己对各种演绎方式的感情反应，并说出每种演绎是如何吸引自己的，教师可以问他们这些演绎方式的不同点在哪里，也可以问他们怎么设计其他演绎方式。教师一定要组织学生进行小组讨论，鼓励他们进行更主动的观点交流及对彼此演绎的反馈。流行音乐领域的一些谱例也可以采用，因为学生都很喜欢，也就更能激发他们的兴趣。欣赏一些录音与现场表演，也能产生一些关于乐感与风格传统的观点和讨论。教师可以让几个学生表演一个短的选段，特别是有多种演绎方式可选的选段，然后让他们注意展示不同的演绎方式。这个环节不应该是一个评判过程，而应是一个不同演绎要素交流与分享的过程。可以是一个学生，也可能是很多学生，有意识地用尽可能多的方式，去表演所分配到的乐句或是选段。教师可以在创新表演开始前，要求学生创作关于某一个音乐元素的表演，如节拍、律动或速度。学生准备好以后，再将几种音乐元素组合到一起。

教师带领学生甄别不同风格的音乐是一个不错的做法。例如，爵士乐与其他传统音乐类型的乐谱与表演形式，我国新疆舞曲中的切分节奏与维也纳华尔兹的慢三节奏。让学生学会甄别不同音乐流派和文化的音乐表演方式。在不同流派和文化的音乐里，另一个富有成果的研究方向是表演者的角色和富有表现力的器乐的使用，如速度与律动，焦点内容可能包括拉格、佳美兰、吉卜赛音乐、黑人灵歌、布鲁斯等。所有这些音乐类型教学的开展，都旨在拓展学生对演绎方式选择的认识与理解。

二、小学音乐创造力教学的策略

教学策略是指为达到教学的目的，调控教学活动而进行的一系列谋划。它的特性包括目的性、主体性和调控性。教学策略的提出与思考，有助于教师在教学之前对教学任务及其完成所需的主客观条件进行思考，从而促进教学质量的提升。随着创造力教学研究的推进，有几点策略值得我们在开展音乐创造力教学时参考。

（一）把音乐创造看作“问题解决”

创造力往往是指一种产生思想和认知思想的倾向，它也是一种在我们自己、其他人或是相互沟通遇到困难时，解决问题的有用方式。

在音乐创造力教学中，不妨把音乐创作看成一种创造性地解决问题的方式（或称为“发现解决问题的方法”）。一个创作者在进行音乐任务的时候，通常会考虑把许多音乐参数融入这项工作。此时任务的开端可以是寻找、描述问题，然后创作者用艺术性的、适合的方法来解决这样的问题。创造性过程的本质是学生加入创造的活动来解决音乐问题。当他们进行创作或编排的时候，他们都会提前计划和评估可能遇到的问题，他们创作的时候也是解决问题的时候。

音乐创造的行为方式多种多样，如音乐创作、音乐改编、创造性音乐表演等。音乐创作要求学生用创造性和丰富的知识来解决问题。在创作中，学生经常处理那些在解决之前需要进行定义的、紧急的和潜在的问题。首先，学生需要发现问题和提出问题。有效的创作过程是学生对创作的问题进行分析，对在创作过程中出现的问题做出适当假设和验证的过程。其次，对创作进行假设、构想和计划。用假设性方法解决问题，学生可以事先选择在创作中可能遇到的问题的解决方法，尤其是从其他的作品中借鉴解决创作问题的方法。学生可以根据音乐类型的规则进行创作，这样可以确保他们不会用纯粹狂热的想法和比较随意的方法来解决创作中的问题，并最终取得创作的成功。最后，寻找多种解决问题的潜在可能。创作问题有时是复杂的和模糊的，想要找到一个全面的答案，需要从连贯的整体中寻找一系列暂时的答案。随着创作的顺利进行，最终的答案会逐步显现。其实，恰当且精确的答案就是将所有暂时的答案融合在一起。

因此，教师要强调通过使用创作工具和手段，有效地应对创作中各个方面的问题，以达到在创作中使用音乐常规技法的效果。在训练中，在创作工具使用指导中，在学习环境的管理和促进学生独立创作的过程中，教师都起着非常重要的作用。这样的把音乐创造力培养看作“问题解决”的方法，可以出现在很多音乐创造活动中，如学生为合唱配伴奏、设计乐队节奏型、自行编排音乐小品、直接编排一个音乐剧等。

（二）启发学生音乐创造性思维

创造性思维是决定一个人创造能力的关键。未来教育的创造性挑战是要给学生提供既可以学习，又可以思考的环境。仅仅勤勉地获取知识对学生来说远远不够，要重视创造性思维和潜能的价值，学习用实用的、有创造性的方式运用知识，这最终能影响人类生活的质量。因此，教师应该教导学生如何在传统学习中使用创造性思维能力。

音乐创造的过程（音乐想法的探究，音乐声音的实验研究）是一个不容易被人们看到的过程，它是创造性思维的结果。音乐创造力教学研究的代表人物韦伯斯特尤其强调音乐创造性思维在音乐创造力教学中的重要作用。他把创造性思维定义为富有活力的心理过程，认为其会在发散思维（想象性的）和聚合思维（实际上的）之间转换，随着时间的推移在不同阶段转移。尽管不是所有的音乐活动都需要创造力，但对不同声音探索的欲望和动力的研究表明，发展一种新的思维需要渗透整个音乐技能学习的过程。善于调动学生思考，启发学生思维，是一个教师开展创造力教学活动所需具备的优秀品质。

想象力（运用想象使学生超越那些显而易见的事物，以一种从已知跨越到未知的方式进行思考，并打破他们常规的思考方式，引导他们创造新的观点）及探究发现目的（进行实验和冒险活动，体验新观点和新经验）通常是创造性教学过程及创造性音乐教学所强调的内容。为了帮助学生获得音乐背景知识，教师应该利用每一个机会让学生想象和思考声音。教师应该通过思考帮助学生增长音乐创造性能力。同时，教师应该允许学生通过对声音的探索和集思广益解决音乐中的问题，促进学生完成音乐创造性思维的过程。同时，所有的学生在课堂中都应该进行关键性的倾听练习并使用审美决策技能。

总而言之，给学生灌输一种创造性思维的理念，调动他们的想象力，并鼓励其有意义地探索声音，都是对音乐创造力教学非常有益的。比如，在学生考虑表演的演绎方式时，教师要鼓励他们发挥发散思维，可以从发散思维和聚合思维的典型差异角度出发进行讲授。在乐器课上，学生经常只用聚合思维方式，聚焦于怎么弹好一个乐句。教师应该鼓励学生突破它，用一个更加发散的观点，挖掘可以融入表演的创新可能性。还可以让几个学生表演一个短的选段，特别是有多种演绎方式可选的选段，然后让他们注意通过不同的角度展示不同的演绎方式，使学生尽可能有意识地运用创造性思维思考，以尽可能多的方式表演分配到的乐句或选段。当然，创造性思维的教学策略不仅适用于表演或器乐教学，在各类音乐教学中也都适用。

（三）在发展音乐技能与创造力之间寻找平衡

学生的音乐技能与教师给学生设定的音乐挑战要相互匹配，只有新的音乐技能不断提高，而后适应新的挑战，才能达到高级阶段的音乐沉浸与成功，才是创造力真正产生的时候。所以，音乐技能在学习之初就应当引起重视。

不同类型的即兴创作，需要具备的音乐知识有一定的区别。在即兴旋律活动中，学生需要具备音准能力，能够唱准旋律的音高；在即兴节奏活动中，学生需要对不同音符的时值有所了解，并对各种组合的类型熟悉；在即兴伴奏活动中，学生则需要具备一定的乐器使用知识，如怎样控制音色。对这些音乐能力的学习，能够使学生在即兴活动时进行知识整合，使表演更丰富和更有特色。同时，这些学习是逐步、分阶层进行掌握的。教师在制订教学计划时，应逐步加深难度，并遵循学生的发展规律。

尽管坚实的技能可以让学生的创新成果达到更高的水平，但是学生绝不能等到拥有了足够的音乐技能才开始学习创造，教师绝不能等到学生达到了很高的技术水平并拥有了很多专业理论知识，才强调创新。创造应当贯串音乐教育的每一个阶段，即使是对初学者。创造力的培养与音乐学习的能力是同时发生的，创造也是为了更好地理解与运用所学的知识，学科知识的掌握有助于在创造时调动技能技术，两者互相依存，共同发展。当然，创造力教学的目的是制作和创造音乐，也就是说，创造如音乐那样令人满意的声音，需要在教学中寻找音乐创造的意义。技术与创造力是一对搭档，不是努力克服技术障碍后就能变得有创造力，而要通过技术让创造力产生。

第四章　小学音乐“感受与欣赏”领域学习策略

第一节　“音乐表现要素”学习策略

一、策略概述

音乐的基本表现要素主要包括力度、速度、音色、节奏、节拍、旋律、调式、和声等，它们之间的互相作用构成了音乐。音乐是听觉的艺术，是和人的感觉紧紧联系在一起的艺术，它不可触摸，抽象却生动。

音乐基本表现要素专业且抽象，当音乐概念过于抽象而影响到学生的认知时，教师需要为他们搭建平台，创设“接受中介”。也就是说，教师需要通过自己对音乐创造性的理解，引导学生进行个性化的解读，把音乐的美真正传递给学生。针对这些抽象的表现要素，教师应通过怎样的教学策略传达给学生，而学生又应该如何把握才能提高学习的有效性，要视具体的教学内容而定。这里提供几个较为行之有效的教与学的策略供参考。比如，对于力度、速度、音色这些较为简单和直观的表现要素，教师可以指导学生采取比较策略。比较策略是指通过观察、分析，找出研究对象的相同点和不同点，它是认识事物的一种基本方法。也就是说，可以使用两种或两种以上的音效进行对比，让学生通过听觉辨别它们的异同，无须多加解释，学生可以自行领会。所以，在学生接触一首歌（乐）曲的初始阶段，教师可以指导学生通过比较策略，把对音乐的初步感知，即速度、力度、音色、情绪等问题基本解决。

而在学习节奏、节拍、旋律、和声、调式等较为深入、抽象的表现要素时，教师要根据具体的教学内容，遵循化抽象为形象的原则，帮助学生解决问题。因为这些要素虽然抽象，但又不同于文学类知识可以通过独立品味自行理解，所以此时教师的中介作用就显得尤为重要。图谱和肢体参与就是课堂教学中不可或缺的优秀策略。图谱策略是指用最明白、最简单的图画形式来表现音乐，利用图案、图形等具体形象的视觉效果描述音乐知识。它形象、直观、一目了然，更重要的是学生乐于接受、易于理解。肢体参与策略是指通过身体各部分能为人所见的活动来进行表达和交流，也可称为体态语或无声语言，主要包括手势、眼神、动作及姿态等，是有声语言的重要辅助手段和补充。肢体语言的运用及其与有声语言的有机结合，能达到“眉来眼去传情意，举手投足皆语言”的境地。

有效的教与学的策略能引领学生从混沌走向明朗，从抽象走向形象。每一个问题的解决都能激励学生对音乐的探索更加深入，还能架设音乐与学生情感之间的桥梁。

二、问题透视

案例 1（音乐表现要素为节奏）：《雁儿飞》

学生初听歌曲以后，教师用铃鼓给稳定节拍，带学生有节奏地读歌词，发现学生始终找不到三拍子的感觉，在一字三拍的长音处总是没有节拍感，无限地拖长。教师从讲台上撤下来，坐在钢琴前，用钢琴给稳定节拍，继续带学生有节奏地读歌词，学生还是相当拖沓，学生的学习明显处于散漫状态。几次反复读歌词未果，为了激发学生的学习兴趣，教师开始带着学生分句学唱。唱第一乐句，“飞”字是一个一字多音的唱法 do—re，教师反复模唱，但第三拍的 re 学生仍然唱不出来，他们唱的是 do——，教师重复道：“这个后面还有一个音，是 re，小朋友们不要忘记，再跟老师唱一遍。”这时歌声里隐约有了 re。继续教唱，到第二乐句结尾“南”，这是一个三拍的长音，结束就要接下一乐句的“春”，但学生在把“南”唱到四拍后，才开口接上第三乐句的“春天飞向北”。虽然教师反复范唱、讲解，但并没有取得很好的效果，乐句之间的连接始终没有卡在准确的节拍点上。能够完整演唱全曲时，这两个问题也终究没能顺利解决。

这是一位刚刚步入教师岗位的新教师执教的新授课。从这个简单的案例中不难看出，这位教师很想把学生教会、教好，但因为没有运用适当的教学策略，教学效果一直不太理想。仔细分析一下这些问题产生的原因。首先，从学生角度看，这是学生在小学阶段第一次接触的三拍子歌曲。幼儿期开始，学生接触的大部分歌（乐）曲都是两拍子或者四拍子的，他们对三拍子的韵律完全陌生，所以很容易把三拍子的长音拖长成四拍子来演唱，也就出现了案例中在一个乐句结束后与下一个乐句的连接处总是拖拍的现象。其次，三拍子的韵律感和两拍子、四拍子欢快活泼、坚定有力的情绪相比相对柔和，有一种荡漾的感觉，学生较难把握，感情上也不是很喜欢，缺乏学习兴趣。最后，从教师的角度看，这是一位刚刚踏上工作岗位的年轻教师，对学生的了解还不是很深入，对教材的剖析也没有经验，还不能准确把握教材的重难点并通过合理的教学策略解决问题。所以，刚刚步入教学岗位的新教师一定要多听、多看、多分析，多把自己放在学生的角度去体会，多向有经验的教师请教，让自己尽快成长。比如：学生第一次接触三拍子，应该运用怎样的教学策略；学生拖拍，要帮助他们运用怎样的学习策略；学生没办法有节奏地读出三拍子的节奏感该怎样解决；等等。

在低年级的三拍子歌曲教学过程中，千万不要把学生最初的学习欲望扼杀在摇篮里。学生本就没有多大兴趣，要如何才能给这类学习带来一点新意和效果呢？不妨尝试着用肢体参与的方式。建议教师先给这首歌编排一个简单的律动（律动要简单好学并有节奏感，可做小鸟拍打翅膀的动作，但第三拍要明显），带着学生跟着音乐跳一跳，在难点节奏的地方多加关注和练习，孩子亲身参与后兴趣自然就来了。跳好以后，给乐曲加入简单的两声部打击乐器（其中一声部打第一拍，如三角铁、铃鼓等；另一声部打第二、第三拍，如串铃、沙球等），利用学生对使用打击乐器的兴趣，给予最本质的三拍子韵律的指导，既抓住教学的重难点又不乏趣味性，学生的兴奋度始终保持得很好。学生在亲身参与的活动中，跳了，奏了，反复地聆听了，三拍子的韵律感也很好地巩固了，此时再进入歌曲的教唱环节，自然就水到渠成了。

案例2（音乐表现要素为旋律）：《金孔雀轻轻跳》

1. 导入新课

（1）大屏幕出示云南风情图片，播放背景音乐《金孔雀轻轻跳》。

（2）教师随音乐示范孔雀舞。

（3）学生模仿几个典型动作。

（4）学生自由发言。通过欣赏图片丰富视觉感知，让学生有身临其境的感觉，增强学习的兴趣。

（5）学生说说舞蹈动作描绘的是哪种动物的形象。

（6）教师随音乐再次跳孔雀舞，请学生明确动物形象。

（7）教师做一个孔雀鹤立的动作，讲解做法。

（8）教师让学生自己说说动物形象并用肢体语言表达，加深对乐曲的感受。通过猜一猜、做一做的活动，学生更好地融入了课堂。

2. 新课教学

（1）教师范唱歌曲。

（2）有节奏地读歌词。

（3）分句弹奏乐曲旋律。

（4）学生跟琴分句学唱。

（5）学生完整演唱全曲。

（6）用打击乐为歌曲伴奏（多媒体出示节奏）。

乍一看，案例中的教师是在运用肢体教学策略帮助学生感受音乐，体会少数民族风俗人情及傣族舞蹈的风格。但细细推敲就会发现，案例中的教师花费了大量的时间纠结舞蹈动作，而作为一节课的主体的歌曲教学部分，却一带而过。

其实在日常教学过程中，这类现象非常常见。教师为了策略而做策略，一旦遇到民族风味强的歌（乐）曲，就立即想到运用肢体动作传授民族舞蹈，认为这不仅能体现课堂浓郁的民族风味，而且教学策略运用得当，学生也乐在其中。但教师没有考虑过，本节课的重点、难点在哪里，歌曲的民族风味可以通过怎样的方式体现，需要花多少时间在肢体语言上，是不是舞蹈动作就体现民族风味的全部……音乐课堂不仅要关注这些从表象上可以体会到的舞蹈，重要的还有民族乐曲的调式运用、衬词加入、语言特点、旋律走向等，肢体语言只是帮助学生体会民族性的方法之一。教师为什么没有体会到这些呢？因为对作品的研究不够深入，对学生的了解不够深入，对需要从哪些方面入手、要教给学生什么没有目标，没有找准歌曲的重难点，觉得只要学生会唱会跳就是学好了，所选择的教学策略自然偏离了轨道，以致本末倒置。教师作为方向性的标杆却没有把准方向，是音乐教学中的一个致命伤。

三、策略导引

案例 3（音乐表现要素为节奏）：《小竹桥》

《小竹桥》是一首具有民歌风格的歌曲，整首歌曲篇幅很长，旋律之间联系又不大，而且在开头部分就出现了一个切分节奏，学生学起来有一定难度。为了解决节奏难点，教师把这个节奏型单独提出来，让学生反复练习。可只要放到乐句中，学生又立马唱成了附点节奏，再拿出来单独练习，可以唱对，放到句子中，则又错了。教师无奈得想发火。可俗话说“没有教不会的学生，只有不会教的老师”。教师在课堂上迅速转变思路，意识到机械重复只会让学生失去学习的兴趣，必须找到好的方法解决切分音的难点。教师跳了几下，在第一个八分音符上，双手交叉握住，放在胸口，屈膝；到了四分音符的位置，双手推出，同时挺直双腿，提臀。带着这个肢体律动，教师让全班同学都尝试了一下，居然成功了。学生边跳边唱，兴趣盎然，而且切分节奏再也没有任何人唱错。仿佛这个时候，切分音根本就不是难点，而是他们手舞足蹈的理由。

这是肢体参与音乐节奏教学的一个成功案例。切分音是一个典型的节奏型，它打破了节奏原本的强弱规律，学生初次遇到时容易犯错。对学生来说，枯燥教条的节奏练习的确让他们感到乏味厌倦。如何让重要却枯燥的节奏练习也能抓住学生的眼球呢？说到这点，任何年龄段的学生都一样，他们期待惊喜，渴望参与，只要课堂中有亲身参与或体验的活动，他们都跃跃欲试、充满兴趣，所以肢体参与策略是课堂教学的一味良药。把握住学生这一兴奋点，把它和节奏训练结合起来，必定使学生对节奏的学习事半功倍。教师不仅可以自己设计，还可以在此基础上选择一些较典型的节奏型，让学生分组合作，设计自己的肢体动作，在全班范围内交流，教师适时地给予中肯的点评。音乐是无形的语言，把抽象的节奏语言化为形象的肢体语言帮助学生理解和记忆，是音乐课堂教学的一味良药。

音乐学习进行到一定阶段时，教师就要给学生讲讲什么叫切分音，切分音是怎样形成的。虽然中年级的讲解需要一定的专业性，让学生用身体参与进来仍然是一个不可或缺的好方法。还可以用游戏的形式进行。比如：请出四名同学，每人扮演一个八分音符，游戏就叫作“四个人的无数种组合”。无论他们怎么组合，都用“da”把他们站位的节奏模拟出来，把靠在一起的看成一个音符，用一个“da”把时值唱满。这样让台上四位体验者卖力地思考各种组合方式，台下观众看着自己的伙伴在台上主导，节奏也念得响亮。当四个人组合成两边各站一位，中间两位靠在一起的状态时，教者适时地参与进去，告诉他们“这个就叫作切分节奏”。整个过程学生自娱自乐，不仅可以复习所有两拍子可能产生的节奏型，还自然地渗透了一个重难点的学习，更重要的是排解了专业术语讲解过程中的枯燥单调，学生兴趣盎然。

案例 4（音乐表现要素为曲式结构）：《祝你快乐》（铜管乐合奏）

师：今天老师给大家带来了一首铜管乐合奏曲，我估计大家会非常喜欢它的风格。让我们一起来感受一下铜管乐合奏的音响效果，同时初步了解歌曲的情绪。（播放音乐）

师：你们喜欢吗？乐曲的情绪是怎样的？

生：喜欢！（学生明显有兴奋的状态）乐曲比较欢快。

师：大家对音乐情绪的把握越来越敏锐了。（充分肯定学生，提升学生自信和继续学习的兴趣。）总体是很明快的，但是中间有没有一些细微的情绪变化呢？我们再来仔细地听一听。

生：有！中间好像出现了几次比较流畅、抒情的旋律。

师：同学们，我真为你们对音乐越来越敏锐的感受力而高兴！我们索性就来亲身体验一下情绪的变化。全体起立！听到像开头一样欢快接近进行曲风格的旋律时，我们就精神地踏步，听到抒情的段落时我们就轻轻地晃动身体，感受一下情绪发生了几次变化，这些段落之间有没有什么联系。（师生和着音乐一起律动。）

生：（律动结束，学生踊跃举手。）欢快—抒情—欢快—抒情—欢快。

师：有没有发现，这三次反复出现的比较欢快的旋律有什么关系？

生：它们的旋律是一样的！

师：不错！那我们就来跟琴哼唱一下这个主题。（主题一由两个旋律极其相似的乐句组成，只有乐句结尾处的旋律走向稍有不同，但因为走向明显相反，学生极易听辨。）主题一的两个乐句有关系吗？能不能用你们的手势告诉我？

生：它们的旋律很相似，只有结尾处不一样，第一乐句结尾向下（用向下手势模拟旋律下行），第二乐句结尾向上（用向上手势模拟旋律上行）。

师：你们的耳朵可真灵！主题一的旋律大家已经明确，下面我们来听听第一部分主题一出现了几次。这几次的反复是完全相同的，还是有什么变化？一起来安静、仔细地听一听。（养成安静欣赏音乐的习惯。）

生：出现了两次！第二次出现好像加入了——铃铛！

师：真棒！跟着音乐一起来踏步，在主题第二次出现时我们可不可以也给踏步润润色呢？

生：第二次出现时，就再加上拍手吧。（师生共同律动。）

师：（播放主题二）这时乐曲有没有发生变化？还能继续刚才的踏步吗？这里适合什么动作呢？

生：乐曲变化了，不能踏步，可以左右摇晃。

师：（播放主题三）这个主题和主题二有什么相同和不同？

生：它们的情绪差不多，但旋律不太一样。

师：说明也可以用左右摇晃的感觉了？

生：是的！但是要稍微有点不同的动作。

师：那你们能自己给这两段主题编两个简单的动作吗？（学生以小组合作的方式创编简单律动，教师选择其中的两种给全体同学统一动作。）下面，我们完整地跟着音乐，用我们刚刚设计的动作来体会一下乐曲的情绪变化，同时思考一下乐曲的曲式结构。

（师生共同参与完整的乐曲律动，每个学生都兴趣盎然、快乐无比地体会着乐曲。）

师：现在你们能根据我们对乐曲的分析及刚刚亲身感受到的律动，分析一下乐曲的曲式结构吗？

生：（学生踊跃举手，并快速给出了让教师满意的正确答案。）A+B+A+C+A。（连同每一部分的主题重复几次，学生都准确无误地一并回答了。）

可以看到，案例中的教师完全打破了为了分析结构而分析结构的教条主义思想，她把目标隐藏在精心设计的有趣的音乐活动中，让学生在不知不觉中感受乐曲的内在结构。一线教师千万不要忽略简单的踏步、拍手，因为有时候它们是帮助教学目标达成的最简单却最有效的肢体语言。最值得赞赏的是，该教师牢牢把握住了学生的心理，始终适时对学生的每一步表现给予信任和肯定。该教师吸引学生、肯定学生、鼓励学生，把学生的自信先调动起来，再让学生被兴趣牵引着走进音乐本身，通过听辨、踏步、击掌、互动等多种形式，让学生在聆听和运动中把音乐与动作结合起来，乐曲的结构也随之明朗。没有冗长、枯燥的反复听辨，而是用学生亲身参与的体验活动来解释看不见摸不着的乐音，把学生一步步领入音乐欣赏的大门。经过大量此类的训练，学生很快就会明了，要欣赏一部作品，可以先感受它的情绪，身体感受就能告诉我们情绪的内在变化。此外，一个主题通常会在一部作品中反复出现，它们的出现会有很多配器上的变化，会丰富我们的听觉神经，让我们感受到音响的无穷魅力。学生还能从中感受乐器各具特色的声音效果，如果还能有自己独特的喜好就更好了。另外，古今中外所有的元素都可以在不同的音乐作品中呈现。

有很多在音乐教学第一线的教师，他们中有人认为音乐欣赏只要听听就可以过去了，歌曲教学才是音乐教学的重点；也有人认为音乐欣赏课太无趣，给学生分析曲式、结构他们不能听懂；更有人还徘徊在音乐欣赏教学的大门外，对于到底如何教学生欣赏音乐，他们无从下手，所以只能一听了之。其实，音乐欣赏是最能拓宽学生的听觉视野，也最能丰富学生音乐感知的途径，而学生能否听懂完全取决于教师有没有授之以渔。的确，音乐欣赏篇幅较长，乐曲量大，教师也不可能对每一首都细致入微地分析，但只要教师通过生动有趣的教学手段，长期给学生渗透音乐欣赏的基本学习方法、学习策略，学生完全有可能成为一个会欣赏、懂欣赏、爱欣赏的音乐爱好者。这不就是音乐教学的最终目标吗？

单纯的欣赏音乐已经不能达到这样高的标准，而欣赏音乐并给音乐划分段落、分析它的内在结构，必须建立在一定的音乐欣赏能力的基础上。如何培养学生欣赏音乐的基本素养呢？教师需要在平时的学习中给学生渗透音乐欣赏行之有效的学习策略，让他们即使脱离教师也同样拥有自行欣赏音乐、分析音乐结构的能力。肢体参与策略就是简单、便捷的学习策略之一。

在低年级的音乐教学中，教师应充分关注学生的思维水平和兴趣需求。他们的心理特征和年龄特征决定了他们在音乐学习过程中很难跨越从幼儿园到小学的门槛，低年级教师一定要注意衔接，设计形象直观、富有个性的图谱，帮助学生找到一条理解音乐、感知音乐的捷径。

在音乐教学中，教师合理、恰当地运用教学策略可以塑造音乐形象，创建良好的教学氛围，使学生在各种实践活动过程中获得对音乐的直接经验和丰富的情感体验，为掌握音乐相关知识和技能、领悟音乐学内涵、提高音乐素养打下良好的基础。怎样才能在教学中合理、高效地运用各种策略帮助学生掌握音乐基本要素呢？必须注意以下几个方面的问题。

（一）教师要重研究、多积累

教育经验来自实践的教育知识和教育技能，没有经验的研究是纸上谈兵，难以促进教学水平的提高。要想积累丰富的教学经验，首先教师自己要多听、多想、多尝试、多反思，一个方法不行下节课换种方法再试，不断给自己提出新的要求和高度，并适时记录自己的失误和成功，并分析原因。

要想达到理想的教学效果，教师需要在课前做大量的准备工作，认真仔细地聆听作品，反复推敲，准确地分析乐曲的和声、段落、结构、曲式等。

最重要的是要运用适当的教学策略，设计合理的方法，把音乐抽象的、内在的联系通过显性的手段传递给学生。但并不是每节课都要把这些基本要素全涵盖在内，可以选择有代表性的一两个要素重点分析研究。在教育教学中，教师还要做个有心人，把平时教学中的亮点、疑问都记录下来，多写教育笔记、教育反思，抓住每一次听课、评课的机会，和更多的教师交流、沟通。“熟读唐诗三百首，不会作诗也会吟”，看得多了，交流得多了，思维自然就开阔了，自然会有很多的感悟和警示，会发现很多好的方法，更好地服务于教育教学。

（二）必须和学生的生活实际紧密相连

音乐教育应该是师生共同体现、发现、创造、表现和享受音乐美的过程。在教学中，教师要引导学生对音乐表现形式进行整体把握，使学生领会音乐基本要素在音乐表现中的作用。这一系列的审美体验必须建立在学生已有生活经验的基础上。

教师最好能从学生熟悉的形象中挖掘音乐的基本要素，再把它科学地物化，架设一条音乐与学生已有生活经验之间的桥梁。这正是对学生、对课程人本化设计的体现。它使学生能便捷地学会歌曲，又能在不经意间接触并掌握音乐的基本要素。教师“中介”作用的发挥，就是要善于观察和发现生活中的音乐元素，使学生对音乐产生浓厚的兴趣，培养学生终身喜爱和学习音乐的愿望。

（三）选择符合学生年龄特点的创新性教学策略

音乐课应充分发挥音乐艺术特有的魅力，在不同的教学阶段，根据学生身心发展规律和审美心理特征，以丰富多彩的教学内容和生动活泼的教学形式，激发和培养学生的学习兴趣。教师要牢牢抓住各年龄段学生的特征和兴趣需求，从自身的学科特点出发，运用多种途径，实施想象、创新教育，让学生主动参与音乐活动，从多个侧面感受音乐、理解音乐，并创造性地表现音乐，使学生在丰富的活动中受到音乐的感染，得到美的享受。比如：在小学低年级阶段，对节奏的学习可以画上大小不同、疏密不等的青蛙图案；到了高年级学段，教师可以采用参与式教学，让学生分组扮演节奏型，在自己亲身体验的活动中学习。

真正的教育智慧在于教师能保护学生的表现力和创造力，激发他们体验学习的快乐的愿望。对比、图谱、肢体都是能够开发学生智力、丰富学生想象的有效手段。边听音乐边通过各种方法来表现音乐，可以使学生的思维处于兴奋状态，在引出学生的情感共鸣后，可以鼓励学生进行艺术创新，从而鼓励学生用各种方式进行音乐的再创造。

（四）两种典型教学策略的几点说明

第一，肢体参与策略是帮助学生有效学习音乐的重要手段，对提高学生的乐感和培养学生的审美情趣有着重要的作用。在以语言和文字为主的课堂言语交际中，音乐的抽象性不易被小学生理解，肢体语言有着不可替代的表意功能。不仅如此，肢体语言还能提高学生的学习兴趣，在学生亲身参与的音乐活动中，有多种感觉的参与，思维的功能也得到了锻炼。更重要的是，学生的创造潜能在肢体参与的过程中能被充分调动，每个人可以根据个体对音乐的理解，通过不同步的形态方式进行表现，这就为发展学生的创造性提供了广阔的空间。

第二，图谱策略可以帮助我们解决较难把握的旋律、初学的节奏、音乐欣赏中的情绪、乐曲的速度等教学问题，这些问题可以通过形象图谱化繁为简。不仅课堂教学可以多用此方法，在其他音乐活动中，它同样可以发挥很大的作用。在合唱队的训练中，运用旋律线图谱和五线谱或简谱相结合的方法，学生不仅可以在视谱时找到不同旋律走向的关系，还能准确把握所唱声部的旋律音准。一目了然的旋律线图谱既能让学生对合唱曲有感官上的整体认识，又能降低合唱训练的难度。

肢体参与和图谱都是音乐基本要素学习过程中的重要方法，它们不仅可以帮助解决问题，更重要的是还能拉近学生之间及学生与教师之间的距离，让严肃的课堂变得活泼、灵动。教师积极思考，善于提炼，一定可以运用更多的教学策略在更多的地方，为课堂教学服务。

第二节　“音乐情绪与情感”学习策略

一、策略概述

音乐把人类社会的发展历史融进一个个音符之中，有效地记载和传承着人类的灿烂文明。音乐能把一切在人类心灵中占有地位的事物都拿出来提供给我们的感性和情感，让人深刻地体验审美的愉悦。对人的情感世界来说，音乐就如空气和水一样重要，因为真正的音乐一定是最贴近生命本质的声音。音乐之所以能打动人心，完全在于其对生命的真诚和执着。由此可知，音乐教育的本质是一项塑造“人”的工程，它具有唤醒、联系和整合人格的力量。音乐教育通过对人审美能力的发掘和培养，通过建构人的审美心理结构，能达到心灵陶冶和人格塑造的目的。如何对学生在音乐学习中进行情感、情绪、情境、情调的熏陶，乃至表情、心境的培养和塑造，有效丰富学生的精神生活，促进其感知、情感、想象等感性方面的健康成长，是在音乐教育、教学中应研究、探讨的问题。教师不仅要把丰富的书本知识（陈述性知识）传授给学生，使学生知道“是什么”“为什么”，还要使学生形成自己的概念体系（程序性知识），知道“怎么办”“如何做”“如何做更好”，从而训练其技能，发展其能力，使其学会自我调节。

情绪与情感是审美教育的基本特征之一，它们普遍存在于感受、鉴赏、表现、创造等审美活动中。从音乐美的本质上来看，音乐教育过程实际上就是情感的展示与变化的过程。音乐作为情感的载体，虽无语义性，却是最生动的心灵语言。常言道，语言的尽头是音乐的开始。音乐的表情力量远胜于其他艺术门类，其特质就是情感抒发、情感撞击、情感宣泄、情感交流和情感审美。

音乐情绪与情感所涵盖的内容在不同学段有明显的不同。小学阶段（一、二年级和三至六年级两个学段）学生由于年龄小，生活经验还比较缺乏，情感也较单纯，知识、经验有限，对学生的要求只限于能够感受、体验音乐的情绪，即感受、体验和听辨不同情绪的音乐，能自然流露相应的表情或做出体态反应，会简单运用语言描述情绪的变化。

音乐教育能有效开发个体潜能，激发创造冲动，升华精神境界，提高生活质量。音乐教育能够培养完整的人，在发展个体直觉、推理、想象及表达和交流能力等方面具有独特的作用。音乐艺术是人类文化的浓缩和人类文明的结晶，音乐艺术能为其他学科的学习注入激情，没有音乐艺术的教育是不完整的教育。音乐艺术本身就是一种强大的经济力量，未来社会有赖于生机勃勃的艺术社会的建设。

教育心理学主要研究学与教的问题，即学生学什么、教师教什么，这两者间的关联就是“知识”。什么是知识？知识是人们在改造世界的实践中所获得的认识和经验的总和；知识是用言语符号来标志某种事物或表述某些事实；知识是由信息构成的，是外部信息在长时记忆中的表征；知识是个体与环境相互作用后获得的信息及其组织；知识是个体为适应生活环境所持有的一切信息；知识是人对事物属性与联系的能动的反映，是由人与客观事物的相互作用形成的。知识可分为陈述性知识和程序性知识。

现代素质教育不仅要把丰富的陈述性知识传授给学生，使学生知道“是什么”“为什么”，还要使学生形成程序性知识，知道“怎么办”“如何做”“如何做更好”，从而训练技能，发展能力，学会学习。学习方式改变的根本前提就是学生必须掌握一定的学习策略，成为策略型的学习者。策略型学习者是指能够高效运用学习策略且能自觉地将学习策略内化为主体需要的学习者。其主要特征为：①拥有各种有效的知识结构类型；②有较强的自我监控与调节学习能力；③智能与人格协同发展。在音乐学习中，教师要引导学生围绕“理解—回忆—消化—复习”展开学习，每一环节中问题的提出和解决都应推动学生的音乐智慧活动不断深入。在学习中不断加深理解，是促进学生深入理解学习内容的有效策略。因此，在音乐教学中引导和帮助学生掌握学习策略，对培养学生的音乐学习、感悟、体验、鉴赏能力，提高学生的音乐学习素养具有不可忽视的意义。

音乐是不可理解的，但音乐又是不得不理解的。这就要求音乐教师做到以下两方面：一方面，要用自己的智慧和才情保护“音乐完整性”，使音乐免于被拆解、被蒸发；另一方面，要通过对音乐进行解、析、赏等策略，将含蓄、隐蔽、凝练的音乐内在化解成可见、可感的形态和意象，使其根植于学生的精神和意义领域，让学生获得知识性、意义性的建构。这就需要学生学会运用意会学习策略。意会指没有动作说明或无法说明而需要内心领会理解。

音乐是一门独立的学科，音乐本体性知识与技能的学习是音乐教学的基本任务，审美体验是各教学领域共同的目标。两者并不矛盾，关键是如何在教学中有机地结合。改变单纯的、过于强调学科体系的教学结构，并不等于彻底丢弃学科的自身价值。新的教育理念并不是否定音乐本体性知识与音乐技能的教学，而是要从音乐的审美体验入手，使学生在不知不觉中接受新的知识和技能，实现音乐教育的价值。任何学科都具有其本学科的特殊技能，音乐教育不管发展到什么阶段，是音乐课就必定涉及音乐领域的专业知识，学生就需要了解和掌握必要的音乐常识和技能。只有当音乐教育真正做到“以审美为核心”，把音乐还给音乐教育，把音乐自身的“美”作为最有利、最有力的教育工具，才能够真正找到音乐教育的真谛，音乐教育也才有可能真正完成促进学生全面发展的崇高使命。

二、问题透视

案例 1：《黄水谣》

《黄水谣》选自《黄河大合唱》的第四部分。《黄河大合唱》由冼星海作曲，光未然作词，创作于 1939 年，有八个部分。《黄水谣》为歌谣式的三段体。作曲家通过三种情绪的对比，描绘了日寇入侵前后黄河儿女“喜、悲、恨”三个不同的情绪情感和场面。第一乐段前半部分的旋律呈波浪式起伏，形象地表现了黄河波浪奔腾呼啸的威力，又似汹涌澎湃、沸腾激荡的中华儿女的思想感情；后半部分旋律亲切明朗，展现了黄河两岸人民辛勤劳作、安居乐业的动人场面。第二部分旋律低沉并逐步推向悲愤控诉，描绘了日军的铁蹄践踏祖国大好河山，沦陷区人民水深火热的悲惨生活，此段最后两个连续的四度下行，淋漓尽致地刻画了悲凉、哀叹的情绪，感人至深。第三乐段再现了第一乐段，虽旋律相似，但因其他音乐要素（速度、力度、伴奏织体等）的变化，该段饱含了凄凉、哀怨的情绪情感及民众刻骨铭心的痛楚。

教学时，教师首先请学生欣赏歌曲的音乐短片。其次，让学生各抒己见，说说听后对此歌的感受。再次，请学生分组简单学唱三段歌词。最后，完整欣赏这首歌，教师再对冼星海和《黄河大合唱》稍作介绍，让学生课后自己有空去听听《黄河大合唱》。在欣赏教学部分花了 15 分钟后，进入教学的另一环节，即学唱歌曲《又唱浏阳河》。

课后交流时，笔者询问教师“此课的教学目标是什么？想教给学生的是哪些？教学的重点在何处？为什么要这样安排教学过程？”等一连串的问题，教师一一做出解答，她说教学参考资料上是这样建议的，所以她如此安排教学内容。按教学参考书的建议安排教学内容无可非议，可是学生在这一课上情绪情感的激发呢？对作品音乐情绪情感的表现呢？课堂上，学生对这首作品的理解来自教师的“滔滔不绝”和各种课件资料“精彩纷呈”的呈现，教师讲得“神采奕奕”，学生听得“摇头晃脑”，可学生对作品的感受是那么肤浅，体验是那么淡薄，总感觉学生的情绪情感游离在音乐之外，是那么“置身事外”。究其原因，教师没有运用适宜的教学策略，没有教给学生正确的学习策略，只是按照常见的教学流程展开教学活动，才使得学生对这首感人肺腑、情感丰富的歌曲只是“浅尝辄止”。

案例 2：《小小的船》

教学过程分为以下三个模块。

第一步是游戏律动。由欢快的《幸福拍手歌》开始音乐课，同时教师大胆引入英文原版歌曲加以创作，再通过精巧的听音游戏复习歌曲《闪烁的小星》，导入欣赏《月亮月光光》。

第二步是聆听音乐。学生完整听赏歌曲《小小的船》，教师引导学生通过四二拍和四三拍两种节拍，用不同速度（四二拍稍快，四三拍稍慢）念读歌词，体会不同节拍的韵律，在潜移默化中学习歌曲，运用跟唱、分句唱、齐唱、表演唱等手法进行教学，引导学生在游戏中学习，在学习中游戏。

第三步是创作提高。学生自主地参与演唱、表演，用打击乐伴奏。在这一环节，学生自信、大胆地尝试创编、表演、演唱作品，并学着在合作中学习、探讨，总结、发现歌曲旋律的构成。五声音阶将欣赏曲与歌曲紧密相连，教师引领学生从感性了解作品升华到理性感悟音乐。

完成以上三个步骤后再欣赏《月亮月光光》，让学生的模唱与音乐融为一体。从听觉入手，至听觉结束，首尾呼应。

本课是“中文教材 + 双语教学”的一节展示课，是一个实践尝试。整节课注重“英语学习”。一开始，教师引入原版英语歌曲，带领学生快乐地拍手、跺脚、拍肩、握手，学习《小小的船》时对英文歌词进行跟读、跟唱、分句模唱、齐唱等，并注意对学生听音能力的训练，也注意对学生创编能力的培养（尝试创编节奏为歌曲伴奏）。可美中不足的是，一节课开始至结束，学生的情绪始终那么高涨、激动，教师所说的本课的主题“宁静的夜，优美的歌”没有得到充分的体现。同时，教学中所有的环节均是在教师的指引下展开和进行的，即使是学生的分组讨论、交流，教师也巡视其中，不时做指导、补充。深入研究就会发现，教师的语言、表情、动作及体态语言给学生带来了错觉，即音乐课要“全身心投入，要有激情地学习”。

第三节　“音乐体裁与形式”学习策略

感受与欣赏是音乐学习的重要领域，是整个音乐学习活动的基础，是培养学生音乐审美能力的有效途径。这就是说，感受与欣赏领域是所有音乐学习领域的基础，其他领域的学习要建立在感受与欣赏的基础上。音乐是聆听的艺术，它不具有语义的确定性和事物形象的具象性。在教学中，所有活动听觉都必须参与其中，尤其是感受与欣赏领域的教学，其载体就是大量的音乐作品，只有多听才能熟悉，只有熟悉才能喜欢，只有喜欢才能有情感。《义务教育音乐课程标准（2011 年版）》将原来《全日制义务教育音乐课程标准（实验稿）》中的“感受与鉴赏”调整为“感受与欣赏”，虽然只有一字之差，但是尽显在这个学习领域中内容程度上的差异。“欣赏”是怀着一种喜悦的心情，感受、体验美好的事物，而“鉴赏”则是对照和比较，是更高层次的赏析活动。让“鉴赏”回归“欣赏”，更贴合这个领域的学习内容，有助于教师在这个领域更准确地开展教学活动。

一、策略概述

感受与欣赏课程的内容包括四个方面，即音乐表现要素、音乐情绪与情感、音乐体裁与形式、音乐风格与流派。其中，对音乐体裁与形式这一方面，各年级的具体要求如下。

小学一、二年级：①聆听儿童歌曲，聆听音乐形象鲜明、结构较为简短的进行曲、舞曲及其他体裁的音乐段落；②能够通过模唱、打击乐器对所听音乐做出反应，能够随着进行曲、舞曲走步、跳舞。

小学三至六年级：①聆听儿童歌曲和颂歌、抒情歌曲、叙事歌曲、艺术歌曲、格调健康的流行歌曲等各种体裁和类别的歌曲，能够随着歌曲轻声哼唱或默唱；②聆听不同体裁和类别的小型乐曲，能够随着乐声哼唱短小的音乐主题或主题片段，能够通过律动或打击乐器对所听音乐做出反应；③能够初步分辨小型的音乐体裁与形式，聆听音乐主题并说出曲名。

良好的音乐感受能力与欣赏能力的形成对于学生丰富情感、提高文化素养、增进身心健康具有重要意义。教师应激发学生听赏音乐的兴趣，鼓励学生对所听音乐表达独立的感受和见解，养成聆听音乐的习惯，逐步积累欣赏音乐的经验。这是一个漫长的过程，这是一个艰巨的任务，要想在音乐课上最大可能地提高学生的音乐感受能力与欣赏能力，必须有相应的教学策略。

策略指的是计策方略。古人云：“术谋之人，以思谟为度，故能成策略之奇。”策略的突出特点在于对手段方法的计谋性思考。策略不仅具有目标性、计划性、选择性，同时具有艺术性、直觉性。策略应用于教学就成为教学策略。教学策略是教学过程的教学思想、方法模式、技术手段这三方面动因的简单集成，是教师在教学过程中为达到一定教学目标而采取的一系列相对的系统行为。教学策略是为实际的教学服务的，它的选择不是主观随意的，而是指向一定的目标的。通常意义上讲，教学策略是指在不同的教学条件下，教师为达到不同的教学结果所采用的手段和谋略，它具体体现在教与学的交互活动中。教学策略能折射教学者的教学思想、教育理念和教育价值取向，反映教学者为实现特定教育目标而采取的一般性原则，决定教学者采用的教学手段和方法。

音乐是人类最古老、最具普遍性和感染力的艺术形式之一，是人类通过有组织的音响实现思想和感情的表现与交流不可缺少的听觉艺术。音乐欣赏与感受是音乐教育的组成部分之一，是以音乐作品为对象，通过聆听的方式及其他辅助手段体验和领悟音乐的真谛，从而得到精神愉悦的一种审美活动，对学生各种音乐能力的培养有着重要的作用。音乐欣赏与感受具有主观性色彩，对欣赏者具有情感效应。它的学习过程是一个包括感知、想象、情感、理解等多种心理功能的综合动态过程。任何一个音乐作品都是特定形式与特定内容的有机结合体。虽然在浩如烟海的音乐作品中找不到完全相同的音乐作品，但在很多音乐作品中，我们可以感受到它们在内容、体裁的选择，意境的追求，形象的塑造，音乐内在语言的运用，人声、乐器的选择，演唱、演唱式样的组合等方面，都表现出某些相近或相似之处。比如，摇篮曲会表现一种慈祥、充满温情爱意的情感，虽然各民族的表现方法不同，但体现的这种情感是相同的。又如，进行曲雄壮有力，节奏感强，乐句规整。这种作曲家为某种内容需要而选择的人们约定俗成的相对独立的固定形态，就是音乐的体裁与形式。认识体裁与形式可以增加对音乐结构的了解和对风格流派的把握，对认识音乐的整体来说是非常重要的。缺乏这方面的能力，就不能准确地分辨音乐的结构、了解音乐的全貌，从而影响对音乐的理解。鉴于这些特点，在感受与欣赏体裁与形式这个领域的教学中，教师必须结合具体的作品进行认识和了解，在教学活动中可以采用培养兴趣、反复倾听、运用通感、参与体验等策略。

（一）培养兴趣策略

兴趣是最好的教师。兴趣是指个体对特定的事物、活动及人为对象产生的积极的和带有倾向性、选择性的态度和情绪。一个人一旦对某事物有了浓厚的兴趣，就会主动去求知、探索、实践，产生愉快的情绪和体验。苏联著名作曲家、音乐教育家德米特里·鲍里索维奇·卡巴列夫斯基（Дмитрий Борисович Кабалевский）曾说：“从自己的艰难经验中我开始懂得，如果听众对我的讲话不够注意，甚至彼此悄声谈话或者随意四处张望，那么过错都在于我。或许是我讲话拖得过长，孩子们感到疲乏，或者是我不曾估计到他们的水平和素养，让他们接受不了，也许是我选择音乐不当，或者是我讲得枯燥乏味。”在实际教学中，这些“或许”“或者”“也许”往往不能一概避免，然而教师永远也不该把自己的不成功推诿给学生。

（二）反复倾听策略

倾听是指集中精力认真地听，进而通过思维活动达到认知、理解的过程。音乐欣赏的中心环节就是倾听音乐。倾听音乐是反复的，要初听、复听，重点段落要重复听，有分析地听。学生只有将乐曲或乐曲主题听得比较熟悉了，才有可能进一步去感悟乐曲的内涵，感受乐曲各个要素的表现。

（三）运用通感策略

音乐是听觉的艺术，但它又不仅仅是听觉的艺术，它还是“多觉”归于“心觉”的艺术，其实就是审美心理中所说的“通感”，通感又称“移觉”。它借助联想使人的听觉、视觉、嗅觉、味觉、触觉、动觉等不同感觉互相沟通、交错，彼此挪移、转换。在通感中，颜色似乎有温度，声音似乎有形象，冷暖似乎有重量。

（四）参与体验策略

音乐教学是音乐艺术的实践过程，所有的音乐教学领域都应该强调学生的参与体验，坚持参与体验也是感受与欣赏学习的重要特点。参与体验式教学是根据学生的认知特点和规律，通过创造实际的或重复经历的情境，呈现、再现或还原教学内容，使学生在亲历的过程中理解并建构知识、发展能力、产生情感、生成意义的教学观和教学形式。这种形式能让学生在教师的帮助和引导下，积极主动地参与课堂活动。

二、问题透视

《义务教育音乐课程标准（2011 年版）》出台以来，教师们都在努力践行，但在欣赏与感受教学中，仍然存在一些盲点及误区。

第一，不切合教学目标，无效激趣。教师对作品的体裁和形式认识不够，未能掌握教学重点，教学本身懈怠，学生也毫无兴趣。

第二，不显学科特征，讲多于听。授课环节中对音乐故事、作曲家传闻等讲述过多，对授课中心内容的作品反而听赏不足，影响学生的理解。

第三，方式、方法陈旧，一味听赏，缺乏多方位、多角度的有效体验和参与。听是音乐欣赏的关键，但要真正理解感受音乐，仅有注入式的听还是不够的。

案例 1：民间打击乐合奏《鸭子拌嘴》

师：小朋友们，今天老师给大家带来一首民间打击乐合奏《鸭子拌嘴》，你们想听吗?

生：想!

师：好，下面我们一起来听一听这首乐曲。

短短的两三句话，我们可以看出，教师的意图是通过设问引起学生的注意，引发学生的听赏兴趣。问题是这样的引趣是否有效。学生在不知道什么是民间打击乐合奏的情况下，甚至低年级学生在不知道“拌嘴”是什么意思的情况下，听赏的欲望会有多强烈呢?

案例 2：《天鹅湖》

师：孩子们，让我们随着音乐，模仿老师的动作进教室。（播放音乐《天鹅湖》。）

（师生问好，谈话式引入教学。）

师：孩子们，大家喜欢看动画片吗? 老师也特别喜欢，让我们一起来欣赏一个动画小片段好吗?（播放《四小天鹅舞曲》的动画。）

（1）边听边让学生仔细看看这是哪种动物。

（2）模仿动作，师生共同学习。

（3）用拍手、拍腿、跺脚等形式为音乐伴奏。

（4）学生选择自己喜欢的方式为乐曲伴奏。

师（提问）：动画片中的小动物是什么？（生：天鹅。）你对天鹅了解多少？

（学生谈，教师总结。）

师：天鹅常有黑白两种颜色的，属于卵生动物，也是我们国家的二级保护动物。如果有一天这些可爱的小家伙在我们的地球上消失了，我们该怎么办呢？老师曾看过一个关于天鹅的童话故事，大家想听吗？（教师讲故事的同时播放相应的动画片。）

上课至此应该有十多分钟了，教师还带着学生沉浸在凄美的故事中，要让学生听赏的曲目似乎已经沦为背景音乐。任课教师讲的这些内容似乎不全部是音乐课专属的。音乐是听觉艺术，多听才会有感觉。

案例3：《白毛女》

1. 创设情境，激趣引入

师：欢迎大家来到今天的音乐课堂。老师为你们准备了一段舞蹈，大家想看吗？（教师表演《白毛女》。）

师：刚刚老师跳舞时的音乐大家有没有听过？它叫什么名字？你知不知道它选自哪部电影？在课前，老师让大家收集了有关电影《白毛女》的资料，哪位同学愿意跟大家说说你收集的情况？

（学生展示收集情况，教师进行点评。）

师：老师也在网上、新华书店收集到了一些《白毛女》中的音乐资料，现在请大家欣赏一下，同时帮老师辨别一下，它们都采用了哪些形式来表现歌曲。

2. 模仿外形，感受形象

师：通过这些视频资料，大家可能对《白毛女》中的两位主角在形象上有了更进一步的了解，下面让我们来玩个游戏。大家看过“模仿秀”节目吗？想不想今天也来亲身参与，秀上一把？首先进入第一关——形象模仿。请各组选出两位模特，利用老师提供的材料，从外形上模仿一下喜儿、杨白劳。限时 3 分钟，看哪一组模仿得又快又像。

师：时间到，让我们来看看各组的完成情况。掌声有请我们的模特上场。从他们的这身打扮看，你们觉得人物会有怎样的性格？

（学生回答，教师补充。）

师：喜儿是一个天真可爱的小姑娘，杨白劳则是一个受尽剥削、很老实的农民。请我们的模特们做出几个符合人物性格特点的动作。

（学生表演。）

师：对他们的精彩表演我们掌声表示感谢。

3. 赏析作品，体验形象

师：接着进入我们的第二关——唱腔模仿。让我们来听听“原音重现”，你可以随着音乐摆动你的身体。

（视频欣赏《白毛女》。）

师：听完歌曲后你有哪些感受？能不能起来说一说？

师：轻轻地哼唱第一部分，并发挥你的想象力，想想喜儿会有什么样的表情。

（播放第一部分的音乐。）

师：喜儿是什么样子的，大家做一做。是什么事让家境贫穷的喜儿感到了喜悦？“盼”又是什么样的情感？为什么喜儿那么盼望父亲回来？

（学生回答。）

师：让我们随着音乐的伴奏用我们的声音、表情来读一读有喜有盼的第一部分，体会喜儿此时此刻复杂的心情。

（学生朗读。）

师：轻声哼唱第二部分，为这部分取一个你认为恰当的名字，并谈谈你的理由。

（播放第二部分的音乐。）

师：当喜儿在家盼爹爹回家的时候，大家发挥想象力想一想父亲杨白劳在做些什么。

（学生进行相应的表演：女生跟老师一起表现喜儿在家中的盼，由一名表演较好的男同学带着其他男生表现杨白劳在风雪天急急忙忙又躲躲藏藏地回家时的情景。）

师：跟着老师的琴，让我们有感情地把这首歌曲完整地唱一唱，并选出你最喜欢的一句。

（进入第二关唱腔模仿。）

师：你最喜欢哪一句？为什么喜欢？能不能轻轻地唱一唱？

此课的设计者已经注意到要让学生参与体验，可以想象学生一定是兴致盎然的。只是这些活动有多少是和音乐紧密联系在一起的呢？主人公的情绪是由怎样的音乐来表现的呢？这些音乐的节奏、旋律等又是怎样的呢？

三、策略导引

案例 4：民间打击乐合奏《鸭子拌嘴》

师：小朋友们，你们会模仿鸭子说话吗？鸭妈妈怎么说话，小鸭子又怎么说话，谁来模仿一下？今天，鸭妈妈要带小鸭子们出去游玩，小鸭子们可高兴啦，哪个小朋友来模仿一下？在游玩过程中，小鸭子们互相逗趣、拌嘴，请两个小朋友为一组来模仿一下。

开始的这个导入环节，教师的引导提问和学生的参与模仿一下子吸引了学生的注意力，激发了他们的听赏兴趣。在学习过程中，学生会带着浓厚的兴致仔细听辨。乐曲在什么地方出现节奏规整的乐句，好似小鸭子们排好队在鸭妈妈的带领下前行；乐曲在什么地方又出现散板乐句，好似小鸭子们在嬉戏、拌嘴。小学生特别是低年级学生的年龄特点决定了他们专注听赏的时间有限，仅靠听赏前的引趣是不够的，在教学中教师还要设计让学生保持兴趣的教学环节。

师：刚才我们听到的故事情节是由小镲、大锣、木鱼等六件民族打击乐器表现的。让我们分别来听一听这些乐器的音色。（学生尝试敲敲、听听。）

师：那这些乐器又是怎样在一起合作演奏的呢？（看民乐合奏视频。）

师：我们也一起来奏一曲《鸭子拌嘴》吧。

（学生分组分别以“出门、嬉戏”和“拌嘴、回家”为主题，想象各种情节和场景，用小镲和木鱼即兴演奏看哪组学生的表演更有趣、丰富。）

这一教学环节的安排使原来几乎已无注意力的学生被重新拉回课堂。学生在充满趣味的教学环节中感受了作品，在不知不觉中感受甚至尝试了民间打击乐合奏这一演奏形式。可能低年级学生还不能用清晰、准确的言语表达其概念，但在学生的心中一定会留下深刻的印象，同时他们欣赏中国民族民间音乐的兴趣也会被激发。在现实教学中，激趣已成为很多教师根深蒂固的教学理念及重要的教学手法，其最终目的是培养学生对音乐的感悟能力。教师必须首先深刻理解所听作品的内涵，掌握听赏重点，不能为趣而趣，追求课堂表面的热闹和华丽，设计无效的激趣方式，忽视对音乐本身的听赏和感知。培养兴趣是教学的一种手段，在小学音乐欣赏与感受教学活动中，培养听赏兴趣的方式很多，如情境引趣、导入提趣、探究激趣、参与持趣等。

案例5：管弦乐合奏《顽皮的小闹钟》

师：请大家一听，这是什么声音？（导入课题，引发兴趣。）

（教师安排学生分组模声练习，按一定的节奏模仿各式钟表的声音。）

师：同学们惟妙惟肖的表演仿佛把老师带进了钟表店。

（第一遍，听赏乐曲主题A。）

师：谁能模仿小闹钟的走动呢？（指名模仿后，集体合着音乐律动。）

（第二遍，听赏、熟悉乐曲主题A。）

师：这里还有只与众不同的小闹钟，我们也来模仿一下。（指名模仿后，集体合着音乐律动。）

（第三遍，听赏、熟悉乐曲主题A。）

师：小闹钟一边高兴地走着，一边哼起了小曲，它唱了些什么？（学生跟教师模唱乐谱。）

（第四遍，熟悉乐曲主题A，并开始记忆。）

师：我们一起用小闹钟的滴答声做歌词唱一唱。

（第五遍，用不同的方式继续熟悉乐曲主题A，加深记忆。）

师：刚才我们听的、唱的这段旋律是《顽皮的小闹钟》的一个主题旋律，用字母 A 表示。老师这里有些打击乐器，请选择两三件为主题 A 伴奏，表现这段旋律的轻快活跃。

（第六遍，用不同的方式感悟主题旋律的情绪。）

师：让我们完整听一听乐曲，听听主题 A 在乐曲中共出现几次。

《顽皮的小闹钟》是一首回旋曲式的管弦乐作品，全曲生动活泼。听赏曲式结构、了解回旋曲式是本课的重点。试想，如果学生对乐曲的各个主题旋律或某一主要主题旋律不熟悉、印象不深，他怎么来听辨乐曲结构，听辨效果又会怎样呢？熟悉主题是帮助学生理解作品的重要条件。

课例采用从局部到整体的教学思路，运用律动、模唱、打击乐器等多种方法，让学生既不感到枯燥乏味，又对乐曲不断出现的主题 A 有较深刻的感受、记忆、理解，听辨曲式水到渠成。音乐是以声音作为表现手段的艺术，音乐形象的塑造完全以声音为材料，是通过听觉直接作用于心灵的，反复倾听策略在听赏教学中必不可少。教学中应用反复倾听策略时要注意，教师要引导学生静心听，听赏之前有目的、有意识地提出要求，让学生带着问题听，听赏过程中提示学生不同段落或不同作品音乐要素的特点，让学生有比较地听。倾听是一种良好的音乐欣赏习惯，在反复倾听中，学生能逐渐学会聆听的方法，听赏能力也会日益提高。

第四节　“音乐风格与流派”学习策略

一、策略概述

众所周知，音乐有着丰富的文化和历史内涵，以其独特的艺术魅力伴随人类历史的发展，满足人们的精神文化需求。何为音乐风格与流派？在音乐领域里，音乐风格指的是各种音乐要素——旋律、节奏、音色、力度、和声、织体和曲式等富有个性的结合方式。这些要素的特殊结合方式能产生一种显著的或独特的音响，而且能反映一位作曲家的音乐风格、一个作曲家团体的风格，以及一个国家或历史上某一时期的音乐风格。在世界的某一地域或大约同一时期的某些作曲家所创作的作品经常有相似的风格，但是各作曲家运用同样的音乐语言也能形成个性化的表现方式。流派就是在不同时期出现的不同的流行音乐元素。一般来说，音乐风格与流派包括音乐的民族风格、音乐的时代风格、音乐的个人风格、音乐的流派风格等方面的内容。

音乐的民族风格是指一个民族千百年来形成的音乐传统中的音乐形式和内容两方面具有的民族特色。形式方面的因素包括音乐体系、音乐语言、音乐逻辑、音乐结构等。最突出的是那些音律、音阶、调式、旋法和节奏方面的特征，以及各民族特有的表演方式，如乐器、演奏、演唱方法等。内容方面的因素主要包括一定的民族题材，一定的“感受—表达”方式和最终体现的民族精神。

音乐的时代风格指某个特定历史时期的音乐在内容、乐种、体裁和形式上的一定特点，如唐代的“歌舞大曲”、宋代的“诸宫调”、元代的“杂剧”、明清的“小曲”，这些纷繁复杂的乐种、体裁和形式代表着我国古代音乐一定时代的风格。

音乐的个人风格是指作曲家或表演家通过作品显示出来的艺术个性和独创性，它与作曲家或表演家的不同个性有密切关系。当然，还会受到特定的民族、时代、流派风格的影响。例如，作曲家用同样的月光、大海、田园的题材来创作，风格却千差万别。

音乐的流派风格是指某个时代、某一群体作曲家或表演家所共同追求的音乐创作技术或音乐表演特征。例如，巴洛克流派的纤细精巧，古典流派的理性自制，浪漫派（包括民族乐派）的个性和民族精神的抒发，印象派的客观描绘，表现派的主观宣泄，新古典流派的仿古，先锋流派的反古……各个流派的表现手段也不同，从单音音乐到复调音乐，从主调音乐再回到复调音乐，从以声乐为主的时期到器乐的逐渐发展。这些都体现着不同流派的音乐特征。

在音乐学习中，学生要尊重艺术家的创造劳动，尊重艺术作品，养成良好的欣赏音乐艺术的习惯。学生要通过系统地学习母语音乐文化和不同民族、不同国家、不同时代的作品，感知音乐中的民族风格和情感，了解不同民族的音乐传统，热爱中华民族音乐文化，学习世界其他民族的音乐，理解音乐文化的多样性。这说明，学生在感受与欣赏领域中应重视学习音乐的风格与流派。

《义务教育音乐课程标准（2011年版）》对音乐风格与流派的内容做了一些规定。一、二年级的课程内容为聆听不同国家、地区、民族的儿歌、童谣及小型器乐曲或乐曲片段，初步感受其不同的风格。三至六年级的课程内容为聆听中国民族民间音乐，了解有代表性的地区和民族的民歌、民间歌舞、民间器乐曲和以京剧为代表的中国戏曲及曲艺音乐，体验其不同的风格，聆听世界部分国家的民族民间音乐，感受不同的音乐风格。

学习音乐风格与流派，感受风格流派，主要靠聆听。每一个音乐元素都可能成为一种风格的重要特征。从心理学角度来看，接触较多的内容印象较深，经过反复思考的内容印象较深，经过互相比较的内容印象较深。因此，多次聆听音乐有着事半功倍的作用。因为比较需要多听、反复地听，多听本身就是诱发兴趣的良好契机，是培育音乐听觉的有效方法。在多次聆听的过程中，学生会对该乐曲有更深的印象，产生特殊的兴趣和感情，记忆更深，理解也会更深。这有利于发展学生的音乐思维，也有利于提高学生分析与评价音乐的能力。

在欣赏音乐作品的时候，教师自身的因素或者学生欣赏角度的不同，都可能成为体验、总结作品音乐风格与流派的阻碍，导致学生音乐经验的缺失。

教师要把学生培养成什么人，自己就该是这种人。音乐教学首先与音乐教师的素养紧密联系，音乐教师对乐曲的结构、特色认识不够，对作品的音乐风格与流派了解不透彻，未能掌握教学重点，未表现积极的欣赏态度，学生当然也不会感兴趣。所以，教师的素养非常重要。

二、策略导引

在课上适当探讨音乐风格与流派的文化背景，不仅有利于学生积累音乐经验，也有利于学生拓宽音乐文化视野。现阶段的小学音乐教学中，不管是学唱歌曲还是欣赏乐曲，教师很少去挖掘歌（乐）曲自身的文化内涵，学生对音乐文化知之甚少。而对于其相关的音乐文化知识，如创作的年代、背景、过程，没有几个学生能回答。任何一种音乐都是特定文化的产物，离开了文化，音乐本身也就失去了意义。

在把握音乐作品风格的时候，可以把该作曲家的一系列作品放在一起欣赏，同时结合作品让学生了解作曲家或表演艺术家所处的时代和社会环境，他的世界观和艺术观，他的经历、性格、气质，具体作品的写作背景，他所偏爱的题材，惯用的体裁形式和表现手法，等等。这些有助于加深学生对作品音乐风格与流派的理解、认识。

对同一时期不同作品的赏析，能够帮助学生感受在同一时期下不同作品带给自己不同的情感，能够让学生对不同的音乐风格形成深刻的印象。处于同一时期的作曲家，其创作风格必然受到那个时代的社会思潮、社会风尚和社会心理的影响，同时受到不同人各不相同的审美力、旨趣、情绪和伦理观念等的支配。不同地域、不同民族的人对音乐要素的理解也不同，因此会赋予音乐不同的风格特色，从而在作品中显示其历史的独特性。所以，在一节课上进行同一时期不同音乐作品的比较赏析，对学生总结这一时期音乐的风格与流派来说非常有利。

同一体裁不同乐曲的对比可以让学生发现乐曲有情绪、风格的不同，并从中体会音乐体裁、音乐情绪、节拍、速度、调式、演奏乐器、应用场合等的相同点与不同点，体会音乐表现要素对体验音乐风格的重要性，并且潜移默化地接受爱国教育的洗礼，感受音乐的无穷魅力。

同一体裁的作品有很多。例如：声乐体裁有清唱剧、歌剧、音乐剧、弥撒曲和安魂曲、康塔塔、牧歌、声乐套曲和组歌、艺术歌曲和浪漫曲、小夜曲、摇篮曲和船歌、宣叙调和咏叹调等；器乐体裁有奏鸣曲和交响曲、交响音乐和交响诗、音诗、音画、协奏曲、套曲和组曲、前奏曲和序曲、夜曲、幻想曲、随想曲和狂想曲、军乐和进行曲、圆舞曲、变奏曲、改编曲、创意曲、叙事曲、谐谑曲、幽默曲、练习曲、托卡塔、重奏和独奏曲等。这些都能成为学生体验正确的音乐风格与流派的素材，关键在于如何在同一体裁下有选择性地欣赏音乐作品。

在具体教学中，教师要提倡多听，并且要将泛听、精听相结合，整体听与局部听相结合。比如，在课上让学生初步感受作品的音乐风格和流派，就要强调让学生多次感受作品，分段欣赏，重点处多次欣赏。在让学生感受体验的时候，用多种方式方法让学生在一遍一遍的感受体验中理解作品的真谛。一般在音乐课上反复聆听作品的时候，可以加入一些活动，如在音色方面可以加入听声音练习，闭眼听房间里的不同声音，这能使学生在那一刻注意力特别集中，加入竞赛的模式更能使学生兴奋，从而收到良好效果。教师可以充分利用周边环境的一切可用因素，还要把欣赏体验学习融入音乐游戏。例如：训练听觉反应——听音乐停顿，身体也跟着停顿；音高训练——音的高低与身体的变化；想象力游戏——教室的地板就是鼓，如何发出好听的音色。这样，音乐教育中的“听觉体验”才能发挥其重大作用，实现对音乐本源的回归。

第五章　小学音乐“表现”领域学习策略

第一节　“演唱”学习策略

歌唱是人类原始的、本能的音乐表现形式，也是人类表达感情最自然、最直接的方式。演唱歌曲是小学音乐教学的基本内容，也是学生最易于接受和乐于参与的表现形式，是学生学习音乐、培养音乐能力、提高综合素质的重要手段。小学音乐教学中演唱学习的内容主要包括：能够自然、自信、有表情、有感情地唱歌；掌握演唱基本技能与嗓音保护技巧；在合唱中积累演唱经验；明确演唱的评价标准；能背唱一定数量的歌曲，包括中国民歌、京剧或地方戏曲片段。在演唱学习中，歌曲是演唱学习的一个材料，学生学习的目标不仅是学会演唱一首歌曲，或通过歌曲学习积累识谱的经验，演唱的主要学习目标应该体现在学生演唱表现能力的培养和提高上，即通过演唱让学生掌握基本的演唱表现技能，提高学生的音乐感受能力。其中，影响学生演唱学习成效的主要问题有表现歌曲的演唱技能技巧如何掌握、提高，歌曲演唱的情感如何表现，合唱能力如何培养，等等。教师教给学生这些问题的学习策略，将有效地提高学生演唱的积极性和表现力，促进演唱学习目标的达成。

一、提高歌唱技能

（一）策略概述

歌唱必须自然地进行。美好声音的产生就在于充分发挥器乐的美和进行严格的训练。要使学生“唱会歌、唱好歌、会唱歌”，演唱基本技能是必不可少的。演唱技能包括正确的演唱姿势、正确的呼吸方法、有效的发声练习等。演唱技能的培训旨在培养学生演唱的基本知识和能力，并通过歌曲的艺术形象感染和教育学生。值得注意的是，不提倡使用专业院校训练学生的方法对学生进行专门的、频繁的、重复的高难度机械式训练，而应大力提倡将这些技能技巧融于丰富、生动、具体的演唱教学实践活动中。从学生的实际情况出发，积极引导学生掌握自己接受训练的主动权，采用符合学生特点、遵循音乐规律、激发学生兴趣的灵活有效的策略帮助学生学习。

（二）问题透视

1. 单调乏味的歌唱技能训练

案例 1：

音乐课开始，教师先介绍今天要学习的歌曲，学生跃跃欲试。教师就让学生坐正，根据黑板出示的几小节乐谱进行发声训练。从气息练习到一连串断音、连音的练习，要求学生“气要吸得深，腷肌要打开”“打开喉咙”等。学生不明就里，应付着练习，有些学生故意发出怪异的声音惹得全班哄堂大笑。教师批评之后，开始学唱歌曲，学生索然无味的表情、干巴巴的歌唱声音，既没有体现发声训练的成效，也不符合“有表情地歌唱”的要求。

在歌唱教学中，歌唱前的发声练习也称“开嗓子”，目的是帮助学生调整歌唱状态，使声音自然、明亮而圆润。传统的发声练习是音乐课必不可少的教学环节，内容主要是一些较为专业的顿音、连音的母音练习，对演唱的气息、口形、姿势、声音的位置都用专业术语提出要求。每节课大多是在“mi、mi、mi，ma、ma、ma”中开始。这种纯技术性的专业发声训练对声乐专业的学生或学校合唱队的学生来说可能是必修功课，但这些专业化、程式化的枯燥乏味的课前发声练习对提高普通班级学生演唱技能的作用并不明显，学生很难将发声训练中唱母音的感觉与演唱的歌曲联系起来，更难将其运用于歌曲的表现中。所以，课前的发声练习往往形同虚设，只是走走形式而已，难以起到发声训练应有的作用。

2. 过分强调兴趣，弱化歌唱技能训练

随着音乐新课程改革的实施，小学课堂歌唱教学受到强烈冲击并产生了

巨大的变化。其中，也因部分教师对课程标准理念理解片面，甚至错误地认识音乐艺术及其特征，所以出现了各种有悖音乐教学规律的现象，过分强调歌唱兴趣，却忽视了演唱技巧。学生没有形成一定的节奏、音准、艺术表现、情感处理、音乐分析等基本音乐技能时，在课堂上是难以听到和谐美妙的歌声的，也难以看到富有表现力的歌唱。在歌唱教学中，教师把目标只简单地定位在唱会，没有通过歌唱教学培养、促进学生多方面音乐能力的形成和发展，会导致学生歌唱效果差、歌唱能力急剧下降的尴尬局面。

案例 2：

教师用《捉泥鳅》歌曲旋律为背景，以故事导入新课，之后请学生观看多媒体播放的动画并聆听全曲，然后让学生跟着音乐哼唱并表演，再让学生听着歌曲把脑海中的画面画出来。学生聆听了几遍歌曲之后，教师并没有提出相关的歌唱要求，只是让学生跟随范唱音带跟唱学习了几遍，最后师生一起跟着音乐伴奏歌唱《捉泥鳅》，学生的歌声显得暗淡又凌乱。

我们发现，这一案例中教学形式丰富，却缺少对歌唱教学尤其是课堂发声训练的明确指导。课堂上少了很多应有的音乐教学步骤。教师在以故事导入新课时，学生的注意力都放在故事情节上；教师让学生边听边观看动画，学生的注意力大多集中在多媒体那多姿多彩的画面上；教师让学生表演，学生表演时想的却是歌词的内容；教师让学生聆听音乐根据想象画画，学生画画时更关心的是自己的画面。教师没有要求学生尝试与歌曲学习相关的发声训练，学生的歌声就不如以前优美动听了。

3. 学生普遍存在的歌唱问题

在平时的歌唱学习中，我们经常会发现学生存在的各种普遍问题：有些学生唱歌时姿势不正确，如驼背、耸肩、含胸、歪着头、脖子伸得老长、嘴巴张得太大或太小；有些学生没有经过呼吸训练，一唱歌就脸红脖子粗、青筋直暴，歌声僵直，高音上不去，低音下不来，音准偏离；有些学生的声音缺乏美感和表现力，歌声中听不到生动的音乐形象；甚至有些学生连齐唱都不能有统一的声音和节奏。许多教师都在思考这些问题，并开始重新审视自己的歌唱教学，大家一致认为歌唱技能的训练不能舍弃。但是怎样设计练习，采用哪些恰当的学习策略，如何做到既符合学生的特点又遵循审美的原则，从而合理高效地使学生的歌唱技能有所提升，是教师亟须解决的问题。

（三）策略导引

歌曲演唱技能是学生参与表现歌曲的基本技能，是唱好歌曲的前提条件。学生不掌握基本的演唱技能，就难以自如地进行较高层次的音乐表现活动，也难以提高学生的音乐表现能力。教师可以巧用比喻模仿的学习策略，将抽象的技能学习和学生已知的生活经验相结合，帮助学生体验和感悟演唱技能；也可以采用创设情境的学习策略，通过图像、文字、音响等创设一定的情境和环境，使学生更快、更完全地进入音乐的异度空间，积极参与技能训练；还可直接针对歌曲表现的需要对学生的演唱技能提出具体要求，将声音训练与歌曲表现相结合，使学生在表现中逐步积累演唱经验，提高表现技能。

1. 巧用比喻模仿

歌唱技能的学习不同于其他学科的学习，它是非常抽象的，学生对此难以理解，容易产生畏难或抵触情绪。如果能把抽象的事物通过巧妙的比喻，让学生听起来形象具体，便于学生实践探索，这样的学习策略往往能起到事半功倍的效果。

（1）演唱姿势的比喻模仿

“姿势是呼吸的源泉，呼吸是发声的源泉。”这句话形象地说明了姿势对歌唱的重要性。正确的姿势是歌唱的前提，歌要想唱得好，就一定要有正确的歌唱姿势。姿势直接关系到发声时各个器官配合的协调，姿势正确了，发声部位就能正常地工作，而不正确的姿势往往带来不正确的声音。

案例 3：

在聆听、熟悉歌曲旋律之后，学生开始进入学唱的环节。很多学生始终盯着平放在腿上或桌上的书本，弯着腰、低着头地歌唱，声音暗淡且无共鸣。教师通过巧妙的比喻适时引导，把唱歌状态下的人体比作“一件乐器”，乐器的摆放对乐器的音响效果会有很大的影响，要求学生体验并表现“顶天立地”的感觉来调整自己的演唱姿势，改掉含胸、挺小肚子的坏毛病，体验并表现“心宽体胖”的感觉，逐步解决学生夹肩、挤胸的演唱姿势问题。

正确的歌唱姿势有利于歌唱和身心正常发育。站立式歌唱要求站立垂直，两脚略微分开站稳，头正，目正视，两肩平放而略向后舒展，两肩手臂自然下垂，胸自然挺起打开，腹部自然收缩，下颚收回，感觉小腹到两肩仿佛形成一条直线，精神饱满，十分从容。坐式歌唱的姿势同站立时的要求类似，但要注意臀部不要坐满整个凳面，约坐三分之一的面积，腰部要挺直而不僵硬，背不要靠在椅背上，两腿弯曲分开，不能跷腿坐，也不能两腿交叉叠起，两手要平放在大腿上。看课本歌唱时，要两手拿好课本；划拍时，左手持书，右手用小动作轻轻地划拍。

学生刚开始学习歌唱姿势时，可能因身体协调性欠佳或紧张而出现过度挺胸、耸肩等一些僵硬的小动作，教师可以建议学生双手过肩慢慢地从头顶至身体两侧放下，反复几次，直至放松。当站立着进行演唱时，很多学生为了追求美观，会把双脚并成小八字或是丁字步，这其实会限制演唱过程中“气沉丹田”的稳定性及声音的穿透力。可以让学生把脚自然地前后或者左右分开，重心可以放在一只脚上，也可以让学生感觉自己就是一棵大树，深深地扎根在泥土中，同时提醒学生头和手都要放松，处于一种积极运动、几乎可以跳舞的状态。面部表情要自然，面带微笑，上齿微露，以扬眉或打哈欠状体会口腔软腭抬起时轻松自然的歌唱状态。脊椎上下延伸，感觉头顶天花板。精神状态激扬，呈现主动的“我要唱”而不是被动的“要我唱”的状态。这样，学生就有了一个良好的歌唱状态。正确的歌唱姿势不仅对良好台风的形成有很重要的影响，更重要的是，正确的歌唱姿势有助于建立正确的呼吸方式和发声系统。

（2）演唱呼吸的比喻模仿

歌者能否踏上成功之路，首先要看他对呼吸器官的操纵和运用，看他是否建立了牢固的基础。呼吸是歌唱的基础、原动力，也是歌唱的重要艺术手段，由呼吸控制的歌声才是声乐。歌唱呼吸作为一种艺术手段，有它自身特有的一套规律，它是高度技术性的，是后天训练的结果。童声的发展阶段可分为稚声期、童声期、变声期。六至十二周岁基本属于童声期，这时候学生的吸气量逐渐增大，控制机能也已稳定，这一阶段的歌唱学习要开始有机地、循序渐进地渗透气息训练。

单纯的气息训练方法很多，常见的有：腹式呼吸练习，缓吸缓呼，急吸缓呼；一口气说一段悄悄话；持续均匀地吹小纸片，保持纸片不掉；等等。教师可以借助形象的比喻引导学生积极体验、尝试各种气息训练。在吸气训练时，针对学生普遍存在的气息浅且不能控制保持等现象，教师可以简单而形象地让学生体验“置身于芬芳的花海中深深地闻花香”的感觉，以感受腰部气息的鼓胀感，而不能照本宣科地要求“吸气时，要靠颈部肌肉和脊上肌肉收缩，把第一对肋骨向上提，然后膈肌下降，促使胸部下方扩大，腹部也扩大”。这样讲完全正确，但学生可能会听得莫名其妙，讲什么是“横膈肌”“脊上肌肉”，倒不如“闻花香”或者“打哈欠”的比喻效果好。

案例 4：

教师启发学生用闻花香的感觉去吸气，学生单独练习吸气时都做得很好，但在唱歌时就出现了几种坏毛病：有的学生吸气吸得很深，一张开嘴就把气全部给放掉了，怎么也控制不住气；还有的学生吸得太足，憋住了又用不上气，憋得胸闷。为了解决这些问题，教师启发学生找“气吞山河”的感觉，将眼前的物体尽收口中、胸中，练习气息吸进去、声音唱出来。这样一练习，学生唱歌时的吸气状态就保持住了，声音也变得饱满、圆润了。

在呼气训练时，同样可以采用比喻的策略丰富学生的体验。可以让学生用正确的歌唱姿势做“吹蜡烛”练习。假设面前有一支蜡烛，学生要缓缓地吹，不要用太大的力气，不能吹灭了，吹气的时间越长越好，让学生感受呼与吸的对抗带来的压力，感觉气息越来越深，体会明显的呼吸支点。我们可以用“受惊吓”的感觉练习快吸慢呼；用“si”音像蚕宝宝吐丝一样长而均匀地吐气，练习慢吸慢呼；用“抽泣”的感觉体会快吸快呼。

案例 5：

为了让学生学习控制气息和声音，教师创设了一个“蚕宝宝吐丝”的教学情境，要求学生按教师的要求发出蚕宝宝吐丝的“si”音，随着教师的动作快慢唱“si——si——si、si、si、si——”。教师进一步要求，学生发出的声音要像蚕宝宝吐丝，吐得既细又均匀。在教师通俗形象的语言引导下，学生用“si”音进行“自然吸气—自然吐气—缓吸缓吐—急吸急吐”的训练，最后适当地加入停顿控制气息。用形象的比喻代替专业术语，既能增强学生的好奇心、新鲜感及兴趣，又能使学生在积极兴奋的状态中自然达成学习目标。

教师可以让学生双手叉腰，感受咳嗽、大笑时腰部的气息支持点，提示学生联想跳音的演唱。在练习悠长的连音时，可以模仿动物的吼叫来感受腰部长久气息的支撑，对比有气息和没气息支撑的声音哪个传得更远、穿透力更强。当学生吸气时紧张耸肩或吸得太足太撑的时候，可以将歌唱的吸气比喻成吃饭，不能吃十分饱，七分饱正好，吸气也是一样，这样声音才会有弹性，声音才不会僵硬。要经常提醒学生保持放松的呼吸状态，可以把咽喉想象成自来水管，气息托着声音从水管中间自然流出，不要用气息挤压声带和喉咙，否则出来的声音就会变得很不舒服。采用这种有趣味的具体形象的比喻策略，学生易于接受，从而能在不知不觉中达到预期的教学目的。

（3）发声训练的比喻模仿

案例 6：

在进行顿音练习的时候，学生一直无法将声音的弹性表现出来。教师可以这样启发学生：“你们吹蜡烛的时候小腹会不会跳动？”学生体验后大多都回答“会”，教师就提示大家用“吹蜡烛”的方法，小腹有弹性地将声音送出，就像布谷鸟歌唱。

很多发声方法和技巧是非常抽象的，学生对此难以理解，容易产生畏难情绪。教师可以通过生动的比喻拉近抽象的歌唱感觉与学生生活经验的距离，帮助学生体验和感悟相应的发声技巧和方法，这往往会事半功倍。同时，也可以将这些比喻细化渗透，逐步形成教学常规。

案例 7：

巧用动物说话做发声训练。学生在模仿小鸟、小猫、小鸡、小老鼠等体积较小的动物的叫声的时候，往往会用假声将它们的声音模仿得很可爱，教师可以经常让学生模仿小动物“说话”，并在模仿过程中逐步将这些声音艺术化、歌唱化，逐渐形成常规发声方法。例如：从小猪的“噜噜”声中找到“u”位置，实现音色的统一；在小黄鹂鸟的“嘀哩哩”声中要求眉开眼笑，声带拉紧，找到明亮的音色；在小狗的“汪汪”声中，帮助学生找到声音激起点；等等。

案例 8：

教师在帮助学生进行发声训练时，用形象的比喻淋漓尽致地展现语言的可爱。比如，声音会长高，声音会发芽，声音就像嫩嫩的小树叶。学生通过这些词语能产生对已有经验的分析，然后在“长高”中实现声音的“竖立”，在“发芽”中感觉气息的支撑，在“嫩嫩”中体会音色的通透，最终在“高、松、通、透”的头声中完美演绎“春天”。

形象的比喻是具有教师个性特征的，是教师在较好地把握歌唱目标的基础上所产生的教学智慧，是演唱技巧科学性、艺术性与学生认知接受水平的较好结合。所以，探索更多的形象化教学手段可以更好地帮助学生掌握歌唱技能。

2. 创设融入情境

教师在歌唱技能训练中应融入情境，如运用图画展现情境，运用角色体验投入情境，运用游戏互动体会情境，等等。这可以使学生不光用嘴唱、用耳朵听、用眼睛看，更重要的是能通过具体的形象和意境扣动学生的心弦，培养学生良好的学习心境，唤起学生的歌唱注意，让学生用心感悟和学习歌唱。学生进入一种特殊环境，面对特定的学习对象，新鲜感便会油然而生。这样，客观情境与学生的内心世界就成了一个整体。这种主客观世界的统一，智力与非智力因素的协调，必然会给发声训练及后面的歌曲演唱带来持续的学习动力，使学生产生良好的学习惯性，也能提高歌唱教学活动的有效性。

（1）音画结合，展现情境

案例 9：

学生听着马头琴悠长的旋律走进教室，教师播放牧场风景图片，营造草原的气氛。“同学们，今天我们来到美丽的牧场，让我们在美妙的音乐声中一起领略一下！”教师可以这样引入：“牧场美不美？来到这里，你有什么感受？”学生给出“辽阔”“一望无际”“心旷神怡”等回答，教师接着说：“这么美丽的牧场，让我们用歌声来赞美吧！”教师引导学生用轻柔的歌声发“lu”声，跟旋律哼唱，并启发意境，说：“牧场上空飘着朵朵白云，我们的歌声能不能像这些白云一样，轻轻地飘起来，飘得又高又远呢？”

案例中，教师巧妙地通过语言、图像、音响创设一定的场景和环境，并利用课件播放牧场风光，让学生在视觉上深深感受牧场的辽阔无边，享受置身于牧场的心旷神怡，为气息连绵的长音学唱从空间感上奠定理解的基础。学生身临其境会积极主动地关注情境中的音乐，在情境中状态积极、饶有兴趣地投入歌唱的技能训练，这比单调地灌输歌唱的技巧更有效果，同时能让学生在自主探索中享受音乐学习的成就感。

案例 10：

教师在多媒体课件上展现一幅美丽的山水画，说：“多美的壮族风光啊，这平静的水面像一面镜子，大家能用‘si’音表现这清澈见底的湖水吗？”学生跟随教师画出一根长线，进行长气息的“si”音练习。教师又提示说：“湖边是一座座起伏的山峦，请你们用声音的强弱、力度的变化表现山的起伏。”学生的声音随山谷的线条由强到弱，再逐渐变强。教师又说：“高高的山倒映在清澈的湖水中，如何用声音表现波光粼粼的水波？”学生用短促的气息发出“si、si、si、si”的声音。

这一案例非常巧妙地运用画面来展现情境。教师没有直接教学生连音怎么唱、跳音怎么唱，而是通过一幅山水画，让学生随着连绵起伏的山峦唱出连贯、绵长的音符，随着水波唱出短促、跳跃的音符，同时启发学生根据山峦的起伏做出渐强渐弱的变化。这中间气息的长短完全可以根据学生的情况即时做出调整，是一种非常灵活、形象的教学方法。结合画面创设情境不仅能激发学生学习的兴趣，还能把学生带到如诗如画的“壮乡”，学生在不知不觉中就轻松自然地为画面配上了美妙的声音。这样的技能练习既生动又有趣，学生的注意力始终非常集中，训练效果很好。

（2）角色体验，投入情境

案例 11：

为了体验声音的头腔和胸腔共鸣、高位置演唱等，教师结合学生的年龄特点，创设情境启发学生，说："我现在站在山顶上，同学们就站在对面的山顶上，我们相互打个招呼，喂——你们好！把你们的声音送到老师这里来，让我听到你们的声音。"学生通过实践，找到了高位置演唱的感觉。教师继续引导，说："我们的声音会在山谷中回荡，你们能不能学一学我的回声？"学生通过情境，可以学会控制音量，并用轻声表达回声。

这一案例的发声训练是师生共创角色、共同参与完成的。教师创设的情境把学生带到了空旷的山谷，让学生通过角色体验，模仿教师的回声，有控制地唱出和谐统一的声音。有了这样生动的情境创设，教师可以不用大量的语言去解释如何用高位置演唱、如何共鸣，因为在面对面的山顶上人们互相打招呼时的声音状态就是这样的。当然，我们还可以通过一些自然生活中的情境进行角色体验。例如：风的声音"呼——"；小雨的声音"沙沙沙"；海浪涌上沙滩的声音"唰——唰——"；等等。用生活中熟悉的自然声响来体验、来表现，可以提高学生的兴趣。

（3）游戏互动，体会情境

游戏是学生最喜欢的一种娱乐活动，有趣、轻松、灵活的游戏互动有助于学生消除紧张的情绪，强化愉悦的感受。将游戏式的学习方法引入演唱的技能学习，师生互动共同完成会极大地调动学生的参与热情。

3. 与歌曲相结合

学生歌唱技能的练习是歌曲学唱的前奏，是为歌唱教学服务的一个环节。教师可以结合学生要学唱的歌曲在实践中进行相应的歌唱气息、发声等技能训练，也可将歌曲中反复出现、最具代表性的一句主旋律，或是难度较大、需要着重训练的一个乐句或主干音进行提炼加工，在歌曲学唱前让学生进行发声的训练，对学生演唱的声音提出细致的要求，为学唱歌曲做好铺垫，使课的结构和内容融会贯通、一气呵成。

（1）结合歌曲演唱要求进行技能训练

案例 12：

在进行歌曲《念故乡》的各乐句歌唱教学时，教师对学生的呼吸先不做要求。由于采用稍慢的速度轻声跟琴歌唱，大多数学生都会在开始的两拍后换气，旋律的音乐性很受影响。教师说：“如何用气息的连绵来体现悠悠不绝的思乡之情？”学生提出，在四拍后，也就是唱完一小节后再换一次气。这样一尝试，学生马上就觉得气息几乎不够用了，气息的控制也就开始有感觉了。等学生掌握并能平稳地歌唱后，教师提醒学生每个乐句末的时值要唱完整，气息要保持到一小节结束前的一刹那，然后急速吸气，这时气息的支持感就更加明显了。学生在歌曲学唱的同时潜移默化地进行了“急吸缓呼”的呼吸练习，很好地体会了气息的保持和吸气后音乐往前推动的感觉。

急吸缓呼的气息练习是在演唱实践中经常要用到的。因为歌曲的句与句之间、字与字之间可能没有很长的停顿时间能用来吸气，所以往往要通过“急吸”的方法解决，且要吸得不让人察觉。气息训练最终还是要用在歌唱实践上，气息的深浅和长短也需要根据歌曲的需要做出相应的调整，所以气息练习也应结合歌曲的学习进行。可以选用歌曲中的某些乐句做带词歌唱的练习，以培养呼吸的控制力，这样效果较好。在实践和演唱的过程中，还可以让学生探索：“演唱低音、中音、高音，哪个耗气量最大？”学生通过亲身体验，可以得出结论：在演唱低声区时，气息较松弛，如果气息过深就发不出声了；在演唱中音区时，声带闭合敏锐，气息浪费小，所以发声最自然；在演唱高声区时，声带缩短，边缘变薄，耗气量大。这样，学生就对气息在演唱中的运用有了更深入的了解。

（2）抓住歌曲主干音融入技能训练

案例 13：

在学习土家族歌曲《乃哟乃》的开始阶段，教师抓住歌曲的主干音 do、mi、sol 融入发声的训练。“今天老师要请几位土家族的小朋友来我们这里做客，但是他们要先听听我们的歌声，唱得好他们才肯来我们这里。怎么唱呢？很简单，我唱什么你们就唱什么。”学生跟随教师进行 do、mi、sol 三个音的发声练习模唱。教师又问："这三个音中谁最高？谁最低？请用好听的声音唱出这个音。"通过发声练习，学生既熟悉了歌曲三个音的音高，又提高了声音的音准。

案例中的教师精准地抓住了歌曲的三个主干音，将之巧妙地融入发声训练。教师通过对土家族的三个音符朋友do、mi、sol的唱一唱、听一听、找一找、比一比等活动，让学生全方位地感受体验do、mi、sol三个音，使学生能较好地建立这三个音的高低感，为学生唱准旋律、唱好歌曲打下坚实的基础。这也是学生基本音乐技能的训练在教学中的真正落实。

教师巧用比喻模仿、创设情境、与歌曲相结合等灵活有效的学习策略，将歌唱技能技巧融入丰富、生动、具体的演唱实践活动，让学生掌握自己接受训练的主动权，在丰富的实践和操作训练中体验、探索歌唱的魅力，积累丰富的歌唱经验和情感体验，从而为学生掌握歌唱技能、领悟音乐内涵、提高音乐素养打下良好的基础。

二、有感情地歌唱

（一）策略概述

歌唱是人们表达和体验情感时常用的艺术手段，也是培养学生优良品性、陶冶高尚情操、学习音乐知识和技能、接受审美教育的有效途径，是音乐教学中感受、体验审美情感的最直接手段。自然、自信、有表情、有感情地歌唱是演唱学习的主要目标。因此，在音乐教学中，引导学生积极体验歌曲意境，理解歌词内涵，把握音乐特征，以恰当的速度力度、自然的声音、自信的心态、自如的表情和丰富的情感演唱歌曲是首要的任务。要激发学生"有感情地歌唱"，教师应创设特定的场景和情境传递情感，注重在聆听中体验情感，通过生动的范唱触动情感，借助对歌词内容的理解启发情感，在轻声歌唱中体验情感，在学唱过程中渗入情感，巧用对比唱出情感，凭借语言的激励作用激发情感，使学生充分感受歌唱给他们带来的快乐的、喜悦的、悲伤的、激动的、热烈的、幽默的、幸福的、美好的情感。学生通过动情的演唱能深刻地体验这种情感对心灵的浸染，把自己所受到的“感动”与参与表现的意愿联系起来，从而丰富自己的情感世界，陶冶高尚的情操，用真情歌唱生活，让歌曲中的情感滋润自己的心灵。

（二）问题透视

1. 侧重知识技能的学习，忽视歌曲情感的体验

案例 14：

在歌曲《丰收之歌》的教学环节中，教师先出示了几小节歌曲中常出现的切分节奏和附点节奏型，告诉学生这些是歌曲的难点与重点。于是引导学生先划拍练准节奏，唱准节奏型，再加上歌词试唱，并且将歌曲中多处有节奏难点的片段单独练习多遍，之后跟随教师的琴声，教师唱一句，学生跟一句，以带唱的方式学唱了整首歌曲。通过一遍遍机械式的练习，学生都较准确地掌握了歌曲的节奏，但是声音呆板而没有弹性，学生对教师所教的这首歌曲没有完整的体验和感受，始终无法用歌声表现丰收的喜悦。

案例中的教师在学生没有充分从整体上感受歌曲，对歌曲的表现情绪和表现特点没有初步了解的情况下，采取先突破重点与难点的方法进行歌唱教学，将歌曲中较难把握的旋律片段拿出来单独进行节奏练习或视唱，想要先解决歌曲演唱中的难点，再整体学唱歌曲。这种先局部后整体的歌曲学习方式其实不利于学生对歌曲情绪情感和表现特点的整体把握，也较难激发学生的学习兴趣。实践证明，先整体后局部的学习方法效率比较高，因为对整体的了解会使学习者变得主动，而且局部的难度在整体的把握中会变得容易。

案例 15：

学生在欣赏了一遍歌曲《同一首歌》后，开始了歌曲的学习环节。学生先跟随教师一句一句地认识、学唱旋律，并用右手打拍。教师强调：“要学会识谱，才能学会唱歌。”学生一会儿唱错了音，一会儿唱错了节奏，教师不厌其烦地一句句地纠正学生视唱中的不足，直至大家全部唱准、唱熟练了，再让学生加上歌词歌唱。学生最初听到歌曲时那种迫不及待想歌唱的欲望，

在一遍又一遍的视唱纠正中已消磨殆尽，觉得这首歌曲越学越难，声音也越唱越弱。

在教学中采用视谱唱歌的方式，一方面可以提高学生的识谱能力，另一方面也能使学生较好地把握歌曲的音高与节奏。但由于普通学生视谱的能力普遍较弱，视唱歌谱会占用学生大部分的学习时间。在这种机械、枯燥的音乐学习中，学生很难感受音乐的美，更没有足够的时间表现、演唱歌曲，最终会对歌曲学习失去兴趣，更无从表达歌曲的情感。

2. 缺少生动的示范，忽视师生情感的交流

案例 16：

在歌曲《桑塔·露琪亚》的学习中，教师借助多媒体设备，先播放视频，让学生观摩世界大师帕瓦罗蒂的演唱，再聆听配套教学光盘的演唱带，之后让学生跟着演唱带直接学唱。学生在开始看视频的时候充满了兴趣，看得很专注，之后聆听、跟演唱带学唱却表现得没有兴趣，自觉离大师演唱的水平距离很远，很多学生甚至都不肯开口了。

新课程实施以来，不少教师形成了“丰富的多媒体课件是教学成功的必备条件”的错误观念，花费很多时间和精力收集歌唱家丰富的演唱视频、音频资料，并将其应用到课件中。也有些教师以配套教学光盘为“权威”，让学生在反复聆听、跟唱中完成歌曲的学习。教师或担心亲自范唱效果不佳，或为了省事，在先进音响的掩盖下，将亲自范唱悄悄藏起，教师范唱俨然成了音乐课堂中的“稀有品”。

音乐是情感的艺术，需要注重师生情感的交流。如果教师放弃了亲自范唱，而总是以“点点鼠标、按按放音键”的方式上课，总让学生在“放映师”的陪伴下学习，可以想象，那会是多么索然无味。首先，媒体课件中大师、歌唱演员的演绎虽然专业，但毕竟是“只闻其声，不见其人”，无法与学生进行互动与交流，远不及教师与学生面对面的、有感情的范唱更加生动和真切。其次，多媒体课件是课前设计、制作好的，是固定的，是“死”的，有时还可能受到停电、机器故障等突发状况的影响。而教师的范唱是真实而鲜明的，是“活”的，还可以根据教学的需要随时截取片段，它能使学生在心

中树立对教师的崇敬与亲近感，使学生更好地体验歌曲之美和音乐的魅力，从而更有激情地投入音乐学习。

3. 先学会歌曲再进行艺术处理的方式，不利于学生表现歌曲

案例 17：

学生在欣赏歌曲《哦，林中那间小屋》后，跟着教师的琴声分段学唱歌曲。在学生反复练习能将整首歌曲熟练、准确地歌唱之后，教师表扬了学生的准确演唱，再问：“歌曲抒发了怎样的情感？我们怎样才能更好地表达《哦，林中那间小屋》的情感，用歌声歌颂那些默默无闻、甘于奉献的护林工人？”学生十分茫然，不知该如何回答。

有些教师会把对歌曲的艺术处理放到学会歌曲以后，认为唯有学会了歌曲的演唱，才能进一步让学生表现好歌曲，可学生往往在学会歌曲后已没有了进一步表现歌曲的激情，所以这反而不利于学生表现歌曲。另外，在“歌曲艺术处理”环节，如果没有从音乐性上对歌曲进行认真细致的分析，如如何把握歌曲情感，如何运用演唱技巧，如何表现音乐形象，而仅对演唱的情绪提出整体性要求，则难以展现歌曲的艺术特性，也难以提高学生的演唱表现能力。

（三）策略导引

1. 创设特定场景传递情感

案例 18：

在学习歌曲《雨中》时，学生聆听一段声音片段后，教师提问：“听到这段声音，你仿佛置身于大自然中的哪个场景？”学生踊跃回答：“听到了雨声。”“仿佛在雨中漫步。”于是教师用钢琴弹唱了一段音乐片段，让学生感受，教师问：“天空中下起了雨，这是一场怎样的雨呢？”学生说是“淅淅沥沥轻快的小雨”，并且用轻快、跳动、有弹性的声音表现“淅淅沥沥轻快的小雨”。接着，教师又弹唱了一个音乐片段，并说：“听听看，这时候又下起了连绵不断的雨。我们该用怎样的声音来表现呢？”学生尝试用连贯的气息、优美的声音来表现“连绵不断的雨”。最后，师生探讨如何运用力

度上的变化来表现“渐渐停了的雨”，学生情不自禁地沉浸在表现雨景的童趣中。

在这个教学片段中，教师通过“雨中”这一音乐情境，提取了歌曲中与雨声相近的乐句及片段，通过生动的语言，把学生的思绪带入特定的意境，即“淅淅沥沥轻快的小雨”“连绵不断的雨”“渐渐停了的雨”。在情境的引导下，学生尝试运用音质的变化、强弱的对比和气息的控制等表现不同的“雨声”，通过模拟情境，很快进入歌曲的情感体验。

情境的有效创设对课堂中音乐氛围的渲染及歌曲情感的传递与表达都有着十分重要的作用。任何一首歌曲都有它特定的意境，教师在教学中将自己对歌曲的独特分析和见解与对文本的深度把握相融合，运用唯美的图片、逼真的音频视频资料，或通过师生简单的表演，或与主题相关的道具联想等直观手段，与教师的语言描述结合起来，创设一种真实的或者模拟的情境，使歌曲的意境得到富有创意的呈现，从而把情境中隐含的情感显现出来，把学生引入歌曲的意境，也让学生的歌唱体验达到一定的高度，以达成使学生“有感情地歌唱”的目标。

2. 注重聆听体验情感

案例 19：

在学唱歌曲《春天举行音乐会》时，教师先不出示歌谱，引导学生安静地聆听全曲，并提问：“参加音乐会的都有谁？”“他们在音乐会中都有什么样的表现？”学生回答后再次聆听全曲，感受“指挥家是什么样子的”。教师一次次引导学生带着问题聆听，使学生充分感受整首歌曲的情绪及风格。

学生最乐于接触音乐的方式也是“听赏”，学生在听赏中能感受歌曲的美，体验歌曲的情绪，理解歌曲的意境，熟悉歌曲的旋律，激发学习兴趣和探索欲望，为歌曲的学习和表现做好铺垫。教师在欣赏歌曲环节可以先设计一些问题，引导学生欣赏，让学生充分感受歌曲的情绪情感、创作特点和表现风格，体验歌曲蕴含的美。

案例 20：

教师指导学生演唱歌曲《葡萄架下》，创设机会让学生反复聆听。导入课题时，教师随乐舞蹈，学生完整感受歌曲旋律，之后，教师随音乐拍击具有新疆歌曲特点的节奏——大切分，让学生感受歌曲的节奏特点，同时熟悉歌曲旋律。然后，学生边聆听音乐边拍击“大切分”节奏，参与表现歌曲。最后，让学生学习两个简单和典型的新疆舞动作，边听音乐边跳。在反复的整体聆听中，让学生充分熟悉歌曲旋律及情绪。

我们经常发现，很多节奏和音准都较难把握的通俗歌曲，没有教师教但学生能唱得很好，原因是学生的听唱与模仿能力较强。在歌曲学唱中，可充分利用和发挥学生的这种音乐学习能力，创设反复聆听歌曲的机会，让学生在“听”中熟悉歌曲的旋律，在感受与体验中轻松愉快地学会歌曲。音乐学习的特点在于多听，对熟悉的东西才能产生感情。因此，学生对音乐的学习和兴趣就在于多听，要充分发挥音乐的弥漫性作用。研究表明，通过视唱方式学会的歌曲不如通过多听学会的歌曲记忆时间长。

听歌曲的方式多种多样，可以在欣赏中、在活动中、在参与表现中聆听，要充分利用学生的无意注意，使学生在不知不觉中听熟歌曲旋律。教师可以设计一些问题，引导学生有目的地反复聆听歌曲，使学生在整体感受歌曲的同时也能熟悉歌曲的旋律。比如：你认为哪一句最有特点；再次聆听，跟唱歌曲中的特色乐句；听教师演唱，想想歌曲表现了什么内容；跟着琴声模唱歌曲旋律；再次聆听，默唱歌词。教师还可以用听辨法解决难点乐句，引导学生在反复聆听中掌握歌曲旋律。

3. 以生动的范唱触动情感

案例 21：

在教学《我们的田野》这首歌曲时，学唱完歌曲后，教师播放音乐史诗《复兴之路》中《我们的田野》的片段。温暖的音色浸透了浓浓的对田野的赞美及对祖国的热爱，充满情感的歌声立即令学生的脸上呈现出专注与投入的神情，学生都忍不住跟着唱了起来，教师也不由得与学生一起沉醉其中。这一段视频胜过教师的任何语言，因为美是比任何语言都有力的“推荐信”。其后，学生的演唱也显得那么恬静、柔美。

教师的范唱是歌曲教学中表率性的活动，也是达成“有感情地歌唱”的学习目标的有效方法之一。要想感动别人，先要打动自己。范唱是音乐课堂中教师自信的体现，教师应把情感艺术贯串整个过程，把枯燥无味变成生动有趣，把抽象变成形象。教师可以通过自己的范唱更好地抓住学生的“心”，激发学生的“情”。或许教师的范唱并不完美，但如果教师能长期坚持钻研歌唱、练习范唱，必然会有进步与收获。教师向学生亮出这个不断完善的过程，可以与学生相互激励、相互促进，定能让学生从中找到自信，得到启发。何况，即使是自身嗓音条件不太好的教师，只要运用真挚、深切的情感，准确地把歌曲的意境表达出来，极富表现力地演唱，也必定会给学生留下深刻而持久的印象，并触动学生的情感。

范唱的作用不只体现在学生对新歌的第一次接触感受时，在学唱歌曲的过程中，在音高、节奏或具有代表性的特征等较难掌握的地方，教师的讲解或让学生反复训练，都不如教师选择其中某个片段、某个乐句、某个小节，甚至某个音或字的局部进行范唱更直观有效。学生在表达歌曲的情绪、情感方面不到位时，教师的范唱也能起到示范和引导的作用，让学生从范唱中思索、品鉴、模仿，以达到范唱启情的目的。教师的范唱形式很多，可以是配合乐器自弹自唱，也可以是跟随伴奏音乐演唱或清唱，可以是示范性的范唱，也可以是探究性的对比范唱。亚里士多德认为，模仿是人的一种求知能力，艺术产生于模仿，人天生有模仿的本能。生动而巧妙的范唱能够促进师生情感的交流，使学生更好地体验歌曲之美，从而更有激情地投入音乐学习。

4. 理解歌词内容，启发情感

案例 22：

在学习歌曲《念故乡》时，教师先让学生聆听安东·德沃夏克（Antonín Dvořák）的《自新大陆》交响曲中英国管演奏的片段，让学生相互交流，了解《自新大陆》交响曲是在什么样的背景和状况下被创作出来的，题目和内容想表达的是什么。之后，又让学生聆听由李叔同先生填词的《念故乡》，学生有感情地朗读歌词，并思考问题：歌词大意是什么？歌词表达的情绪与用英国管吹奏出来的旋律表达的情绪是不是一样的？学生们通过讨论交流，轻声诵读歌词，认为歌词前面部分是忧伤的，声音要深沉，后面部分力度加强，结尾表达“恢复旧山河”，情绪要激动、饱满。借助对歌词内容的理解，学生也懂得了同样的歌曲或者旋律在不同的时间段流传到不同的地方，就会被赋予那个时代的特征。

歌词与旋律结合才有了歌曲，歌曲是文学与音乐组合而成的艺术形式，是具有艺术性、音乐性的语言，是具有文学性和语言功能的音乐。歌词是歌曲内容的具体体现，它以文学创作的手法将歌曲所要表达的复杂内容和人的思想感情通过诗、词的文学形式加以高度概括，使之具体化、形象化。要让学生有感情地歌唱，必须先使学生理解歌曲的内容。“感于内而发于外”指的就是在理解的基础上有感情地歌唱，歌唱者可以通过对歌词的诗性美与情感意境的体验促进饱含情感的歌唱。所以，要进行有感情的歌唱，可以引导学生通过对歌词内容的分析深入理解词句所蕴含的意义，从中找出最真切的情感切入点和最真挚感人的情感脉络，领悟作曲家想要表达的感情，再融合自身的情感体验，将声与情相融，融情于心，达情于声，从而达到高质量的表演艺术效果。

在音乐课堂上，针对学生的实际歌唱状态、音色、节奏感等情况的差异，朗读歌词要注意歌词的语调、停顿、强弱等方面。教师可以采用多种朗读歌词的方法，帮助学生将朗读的发音转换为歌唱的发音。

教师可以通过高音位置朗读歌词，激发学生积极的歌唱状态。让学生自己感觉音调上能念到多高就多高，不设限制，并且提示学生音高不代表音量，可以在音色明亮度加大后再自然地加大音量。可以让学生按节奏朗读歌词，增强歌唱的律动感，使学生尽快将歌谱与歌词配合好，这样也能更好地解决歌曲中一些歌词相同而节奏不同、学生易混淆的地方。还可以将教师的范读和学生的朗读相结合，感受、理解歌曲的意境。教师非常有感情地起了头，学生就能沿着教师的情感思路往下延续，展开想象的翅膀，用自己的歌声将歌曲的情感演绎到位，充分发挥表现性。

5. 轻声歌唱体验情感

案例 23：

在学习歌曲《红蜻蜓》时，教师引导学生采用轻声高位置的状态哼唱第一句旋律，体会这句旋律表达的情感。学生轻声地体验，感受歌曲中蕴含的对童年时光的深情回忆。教师又引导学生在轻声的状态下细细体会力度的变化，通过细微的强弱变化表现“回忆”时特有的时浓时淡、飘忽不定的美妙意境。

歌唱是运用嗓音表现人物情感体验的艺术，嗓音运用的优劣自然会直接影响情感的表现。轻声歌唱是一种运用较小的音量，同时有良好的气息支持，声音集中而具有丰富情感表现力的歌唱方法。轻声歌唱音量虽小，但感情一点不少，它绝不是消极歌唱，需要更积极、更投入的情感演绎。在轻声歌唱的过程中，教师入情入境的引领至关重要。教师要通过语言的启发引导，如“用你百分之一的声音表达百分之一百的情感”“用你最弱的声音表达最强烈的情感”“用最轻快的声音表现最强烈、最有力量的感觉”等，并通过现场的歌唱示范、歌声和情态（包含眼神、神态、动作等）潜移默化地影响和感染学生，对学生的歌唱状态随时进行调整，从而实现以情驭气、以情带声、声情并举。

6. 在学唱过程中渗入情感

案例 24：

在学习歌曲《我爱妈妈的眼睛》时，教师从歌曲情感最充沛的高潮部分切入学习，先让学生聆听歌曲，找出歌曲中感情最饱满之处，即歌曲的高潮部分，再重点让学生尝试用自己的声音表现歌曲高潮，做到以情带声、声情并茂，声音要明亮、饱满，情绪要激昂，力度要稍强。学生通过反复体验、感受与表现，能表现好歌曲的高潮部分，也学会了歌曲高潮部分的演唱。

“唱好”至少包括两个方面，即“好的声音演唱”和“准确的情感表达”，而“好的声音演唱”和“准确的情感表达”是需要贯串唱歌教学整个过程的，不是将歌曲唱会后才出现的要求。吴斌教授曾在讲座中多次强调：“不要等技术成熟之后再进行歌曲的艺术处理，音乐教学的全部过程都应有感情的参与。”这也更能体现“以音乐审美为核心”的教学理念，也是让音乐课更具音乐性的一种较好的方式。

作为教学的主导者，教师需要在课堂上解决的就是将只可意会、不可言传的情感部分具象化、清晰化、细节化、生活化。只有这样，学生才能产生共鸣，并乐于用各种形式，包括语义性的或是非语义性的形式表达他所体验到的情感。教师应将歌曲旋律的个性特征与情感糅在一起，而不是单纯地教会一首歌。学生能够在唱会的同时，自主把握演唱时每一句的细微情感变化，那么唱会的同时也就真的唱好了。

7. 巧用对比唱出情感

案例 25：

在歌曲《过新年》的学习环节，教师抓住了全曲中出现的四次不同旋律、不同节奏的鼓点模音“咚咚咚咚锵”“咚锵咚咚锵”，并将其作为教学重点及学习的切入点。教师将四次鼓点先分别分给四个小组，引导学生听辨哪两个小组的鼓点很相似，相似的鼓点哪一次高些，哪一次低一些，情绪上有什么不同，在力度上怎样变化才能更好地体现这种情感。通过多次不同要求的听辨、跟唱，学生对歌曲的这四个分句有了直观而丰富的体验和感受，从而能更有效地参与歌唱，整个过程也充满了愉悦感。

案例 26：

在初听歌曲《西风的话》后，教师引导学生分组分别针对歌曲的速度、力度、节拍、节奏等方面的区别进行探讨。教师问：“这首歌曲为什么会使我们有柔软的、温暖的感觉？”学生通过对比聆听、模唱，发现中速的四四拍加上由中强到中弱这一力度的变化非常符合“温暖”给人的舒适感。学生用“u”跟唱旋律，体验用歌声令人产生温暖的感觉。之后，学生通过跟唱体验，找出很多简单而重复的节奏型，体会到音乐带给大家的不是西风的单调和乏味，拂面而过的是它的平稳与亲切。于是，学生们又用“a”的口型来歌唱，表达平稳与亲切。

歌曲是由多个不同性质的局部也就是音乐要素组成的，如歌曲的节奏特点、基本的节奏型、对比起伏的旋律线、逐渐变化的力度、特殊的音程等。以上两个案例中的教师将这些音乐要素的不同进行对比，通过聆听示范、比较分析、模仿练习，以及挖掘不同的情感表现，使学生在学唱歌曲的过程中获得更多的情感体验，发挥以情带声最大的积极性。

在进行音乐要素方面的对比时，可以根据歌曲要表现的内容对比选定合适的速度；可以根据歌曲内容的需要合理地确定歌曲的力度，使学生能用强、弱、渐强、渐弱来表现歌曲；还可以根据歌曲内容所抒发的情感的需要确定演唱音色，是明亮的、优美抒情的，是有力的，还是需要控制弱声的。在对比方式上，可以将教师的范唱和学生的唱进行比较，请学生看看区别在哪里，哪一种在表现歌曲情感上更充分；也可以由教师示范两种不同的钢琴伴奏，请学生比较哪一种更适合表现此歌曲；也可以是学生间的演唱对比；还可以是不同版本的音像资料间的对比。总之，这里的对比应该是很宽泛的。在指导有感情地演唱时，教师可以让学生在对比中意会，在比较中感受。对比能让学生在学唱歌曲的过程中不仅知道怎样唱是美的，更重要的是让他们逐渐掌握针对不同的歌曲进行不同情感表达的基本方式。

8. 语言激励激发情感

案例 27：

在学唱歌曲《小鸟小鸟》时，教师引导学生把自己想象成开心的小鸟，在天空中有层次地飞翔、对唱。可是在练习演唱时，教师耳边突然出现了一个不和谐的声音，原来是有一个男生唱得短促生硬，还跑调了。教师没有直接批评他，而是拍拍学生的肩说："同学们的演唱配合得很好，就是听见有一只憨厚的小鸟翅膀没力了，飞不起来了，只能在地上匍匐前进，跟不上大家了，怎么办呢？"同学们听了呵呵地笑，教师建议大家再唱一遍，让这个男生仔细听听。在同学和教师的鼓励和带动下，跑调的男生意识到自己歌唱情绪和音准的问题，并在接下来的练习中努力地调整自己的演唱，情感的表现也有了明显的改善。

在音乐学习的课堂上，学生作为学习者、求知者，出现偏差是难免的。教学中，教师用小小的幽默和富有启迪的语言，激励学生不断修正不足，就能创设一种平等和谐、积极探究、激发情感的学习氛围。在歌唱教学中，运用语言激励指导歌唱的效果是立竿见影的。在心理学上，激励主要是指激发的动机，它能使人具有一股内在的动力，向所期盼的目标前进。据说人在没有激励的情况下，一般只能发挥 20 % ～ 30 % 的能力，而在有效的激励状态下能发挥 70 % ～ 80 % 的潜能。在歌唱教学中，教师应适时运用语言激励，如“从你们的歌声中我仿佛看到了一幅幅流动的画面”“你们的歌声真的很令人陶醉和感动”“这首歌就需要这种有控制的、柔和的音色，你们的演唱很到位”“你们的歌声真挚地传达了歌曲要表达的情感”。这种面向全体的语言激励会使学生始终保持积极的歌唱状态，学生对歌曲的感受和情感表现也将有更高的追求。

歌声是学生心中的欢笑和阳光，是学生无价的精神食粮，能在学生的心田播下对生活热爱和赞美的种子。歌声传递着亲情和友谊，孕育着纯真和善良，能给学生的童年带来美好和幸福、智慧和幻想。热爱歌唱的学生都拥有一个健全的人格，一定要让充满真情的歌声伴随学生健康成长。当然，指导学生“有感情地歌唱”的学习策略绝非只有这些，其实还有很多，还可以做更深入细致的实践研究。指导学生“有感情地歌唱”的策略的运用也不是孤立的，而应几种方法相互融合。在一首歌曲的歌唱教学活动中，可以同时采用多种教学手段启发、引导学生的想象力与创造力，使他们有身临其境之感，全身心地投入歌唱，真正做到以情带声、声情并茂。

三、提高合唱能力

（一）策略概述

合唱是一种具有丰富表现力的音乐形式，是音乐教学中的重要组成部分。合唱训练能够充分发展学生的多声思维，所创造的和谐之美可以造就集体感和友谊，能给人带来精神的升华。随着新课程的深入推进，课堂合唱教学越来越受重视，教师要更加重视并着力加强合唱教学，使学生感受多声部音乐的丰富表现力，尽早积累与他人合作演唱的经验，培养集体意识及协调、合作能力。其中，一、二年级学生侧重于用自然的声音，有表情地独唱或参与齐唱；三至六年级则侧重于用自然的声音、准确的节奏和音调，有表情地独唱或参与齐唱、轮唱、合唱，并能对指挥动作做出恰当的反应。在音乐课堂教学中，教师可以结合教材内容进行重组或再度创作，摸索出一套行之有效的合唱学习策略，如注重以歌曲轮唱形式进行合唱，由浅入深，循序渐进，注重聆听，以切实有效地提高学生的合唱能力。

（二）问题透视

纵观当前的实际课堂合唱教学，不得不无奈地承认，从三年级开始的小学课堂合唱教学效果总是不尽如人意，具体表现为：合唱歌曲演唱率低，有时教师甚至用单声部齐唱取代多声部合唱；学生演唱声音不科学，存在喊唱或哼唱的现象；合唱配合意识差，声部声音不均衡、不和谐；学生音乐基础薄弱，识谱能力差；学生学习兴趣低；等等。

1. 对合唱观念认知的错误

在现行的小学音乐教材中，从三年级开始就逐步渗透了合唱教学的相关内容，题材广泛，风格各异，其中不乏流传久远的优秀儿童合唱歌曲，可惜在实际的课堂教学中，这些丰富的教学资源却没能得到很好的利用。部分教师对课堂合唱教学缺少足够的重视，认为多声部合唱是高年级学段的教学任务；或缺乏行之有效的教学方法，认为合唱教学难度大、学生不易掌握，在教学中回避合唱教学；或在教学时把合唱歌曲当作单声部歌曲一带而过，只教一个声部，放弃多声部的学习。有些教师甚至跳过合唱的章节不教，致使教材中很多宝贵的教学资源都没能得到很好的利用。

案例 28：

在学生掌握歌曲《赶圩归来啊哩哩》主旋律轻快跳跃的齐唱部分后，教师指着歌谱中的第二声部旋律问：“我们要不要来学一下第二声部旋律？”回应者寥寥无几。接下来，教师让学生学唱第二声部，并尝试分两组进行二声部合唱，学生的声音一遍比一遍弱，有些后排的学生甚至开始聊天。最后，教师说：“看来同学们更喜欢以齐唱的形式来表现这首歌曲，那么以后有时间的话，我们再来学唱第二声部吧！”于是，让学生跟随音乐伴奏以“齐唱”形式演唱歌曲的第一声部主旋律，在热闹的律动中结束了对这首歌曲的学习。

从这一案例中看出，学生对于合唱的认识是十分淡薄的。学生往往会将生活中的群众性歌咏活动中常见的单声部齐唱这种演唱形式误认为合唱，甚至误认为合唱就是齐唱，无法感受、欣赏合唱中多声部表现出的宽广的音域、丰富的音色和音响层次，体会不到合唱的艺术魅力，偶尔尝试的二声部练习也缺乏声部和谐的感性体验和合唱成功的经验，因而兴趣不高。长此以往，合唱教学在音乐课堂教学中会走入一个恶性循环，教师和学生都会对合唱教学产生畏难情绪，最终导致合唱教学被长期忽略。

2. 对合唱基本技能训练的忽视

节奏是音乐的基石，良好的节奏感是音乐学习的基本条件；音准是合唱的必要条件，合唱的和谐统一有赖于演唱者的音准，音不准就无法进行合唱。节奏和音准训练是开展合唱教学的基础，对合唱水平的高低起着决定性作用。小学音乐教材将音乐基础技能的训练用隐线的方式分散在教材各部分，很容易被教师割裂或忽略。很多教师认为在一节课有限的时间内让学生学会合唱歌曲就已经很紧张了，根本没有时间进行系统的合唱基本技能训练，导致在课程实施中错过了许多有机渗透音乐技能的良机。

案例29：

二声部合唱歌曲《红蜻蜓》的主旋律起伏较大，音域达到十度，加上附点、休止节奏、一字多音的气息要求等，无疑增加了学生演唱时音准和节奏把握的难度。可是教师没有针对这些音准、节奏上的难点设计由浅入深、切实有效的练习，只是一遍又一遍地让学生学唱两声部旋律。由于教师没有对学生进行正确的歌唱呼吸方法训练，在歌唱中很多学生用“大白嗓”来“喊歌”。又因为很多学生的音乐基本技能较差，合唱时抓不住低声部或高声部旋律的音准，合唱效果惨不忍睹，没有音准，没有音色，更不用说美好的审美享受，有的只是学生声嘶力竭的演唱。

在合唱教学中，教师无视学生合唱基本技能的薄弱，忽视节奏、音准、听觉、歌唱技巧等基本感知技能的训练，在此基础上开展的两声部旋律学习及合唱尝试，学生连音都唱不准，节奏也不齐，更谈不上体会合唱之美了。学生也并没有通过音乐课堂教学真正掌握必要的音乐素养和表现技能，从而降低了合唱的学习效率，无法让学生真正走进合唱殿堂，感悟合唱之美。

3. 学生合唱听觉和能力参差不齐

案例30：

在分别学唱了合唱歌曲《故乡的亲人》的两个声部旋律后，教师将学生分成两组进行合作。先单独让其中一个声部跟随音乐伴奏歌唱，音准和节奏都没有大的问题。可分声部一起合唱时，第二声部的学生一下子就找不到音高了，于是教师就帮着一起唱第二声部，这时第一声部的很多学生唱的旋律也跟着教师唱的第二声部跑了，教师又帮着唱第一声部的旋律，可第二声部的声音全没了。之后，教师提出要关注唱好自己的声部，不做“合唱声部中的叛徒”。于是，有些学生把耳朵捂住，跟着音乐很大声地歌唱自己的声部旋律，两个声部相互比拼般地喊唱，却与合唱要表现的意境越来越远。

小学音乐教材中的合唱歌曲大多以二声部合唱为主，歌曲的第一声部旋律通常是主旋律，旋律比较流畅，音区较高，学生易听、易唱、易学、易记。而第二声部往往正好相反，这就使得学生在合唱时常常唱不好第二声部，合作时总会跟着第一声部跑，或者让这声部扩大音量以抗干扰，导致学生捂着耳朵参与合唱，出现几个声部相互喊唱的情况，声部配合困难、缺乏和谐。这种“硬练”的方式很难提高学生的合唱能力和合唱教学效率，也制约着合唱向更高的层次发展，因为学生缺乏最基本的和声听觉，也无法根据合唱时的和声音响灵敏地调整自己的演唱。

任何学习都是循序渐进的，需要不断练习、积累，从而实现量变引起质变。中低学段的学生对多声部缺乏一个逐渐熟悉、认识的过程，没有从音乐上建立多声部的概念。教师在中低学段的常态音乐教学中又很少对多声部演唱进行常规、系统的引导与训练，没有让学生培养该有的多声部音乐素养，这也是当前高学段陷入合唱教学瓶颈的主要原因。诸如此类的现象似乎都表明，合唱教学成了当前音乐教学中最为棘手的教学内容之一，而如何培养学生的合唱素质和能力，已成为摆在音乐教师面前迫切需要解决的一个新课题。

（三）策略导引

1. 以歌曲轮唱形式进行的合唱

轮唱是合唱教学的重要导入方式，是培养多声部听觉的一种简易、有效的手段。合唱教学可以从轮唱开始，逐步过渡到多声部合唱。轮唱是卡农的一种比较简单的形式，它由一个、两个、三个声部先行，其他声部以一定时间距离和音程间隔随后跟进，并持续加以模仿，依次进入的各声部互相交织、叠置，产生协调的、此起彼伏的效果。各声部既演唱同一个旋律，又形成互相对比、交叉的效果。轮唱易掌握、易表现，又能呈现丰富的和声效果，能引导学生更好、更快地走进合唱歌曲和多变的声部旋律，使学生在感受旋律美的同时，培养参与热情与合作意识，在寻求声音美的同时，找到歌声交流中的和谐美。

（1）在轮唱形式中训练音准音高

歌唱和乐器演奏中所发的音高，能与一定律制的音高相符，称为音准。音准看不见、摸不着、尝不到，只能靠听觉器官不断感受、不断认识，直到掌握为止。在课堂教学实践中，教师可以运用轮唱的形式引导学生寻找音与音之间的距离，使学生逐步在和声效果中得到牢固的音高概念，从而解决在歌唱中出现的音准问题。

歌唱的旋律内容一致，力度有所变化，这种特点与轮唱有着异曲同工之妙。学生在自主的、互动的学习过程中能掌握音的强弱变化，为歌曲的演唱埋下伏笔。在教学中，教师应始终关注学生对音准的感知，使学生积累音高的概念，并围绕歌曲主干音展开一系列的歌唱内容教学，最终达到和谐的轮唱效果。

（2）在轮唱形式中把握节奏

节奏是旋律的骨架，是构成音乐的一个重要因素，是各种时值的音及音的交替和对比关系，包含时间感、空间感和一定的韵律。培养学生准确、独立的节奏感对于歌唱表现来说非常重要。

在实践中，教师可以引导学生从已经熟悉的音乐旋律中“分离”不同的节奏型。因为各种节奏型都有各自不同的韵律，学生通过轮唱的形式进行律动，可以寻找并体验和声音响效果，发展和巩固对节奏的记忆。这种错落有致的多声部节奏练习会使学生学得兴趣盎然，同时使他们的多声思维和多声听觉得到锻炼。

（3）在轮唱形式中掌控音色音量

音色是指声音的感觉特性，在歌唱中泛指嗓音的音质。用不同的音色演唱同样的歌曲，好比同样的色度和亮度配上不同的色相。音色是与音量相互依存的，没有音量也就没有音色，音量强则音色浓，音量弱则音色淡，这直接影响歌曲整体色调的变化。歌唱是一种技巧，要有比较好的声音，特别是轮唱，想要达到声部间的和谐均衡，就要学会控制音量，做到收放自如。

案例 31：

教师先播放童声合唱歌曲蒙古族民歌《小黄鹂鸟》，请学生在音乐中自由律动，感受旋律特点。学生分别视唱两个声部的旋律，通过感知、分析了解两个声部是模仿、轮唱的关系，但在部分旋律的节奏和音乐性格上又有不同。经过探讨实践，学生达成共识：节奏密集的部分旋律，声音要求欢快活泼，可以用明快响亮而有弹性的音色来表现；节奏宽松的部分旋律，声音要求抒情陶醉，需要用柔和稍暗淡的音色来渲染。在整个轮唱过程中，为了能相互倾听和声的美妙，学生主动地控制音量，相互配合，以音色的变化达到声部的和谐统一。

在轮唱训练的初期，教师可以把音色较亮且音量强的学生放在班级座位的后面，避免音色的不统一。在训练中期，可以把能够灵活控制音量变化的学生放在各自声部的中间位置，让声部内的其他学生容易找到音色榜样，使整个声部形成浓淡适宜的音色变化。

（4）在轮唱形式中领会指挥手势

指挥是无声的语言，它以手势、面部表情及身体动态准确告诉学生声部进出的节拍点，围绕着如何调动学生的歌唱热情、如何表现音乐展开。很多时候，在合唱训练中，手势比语言更有效，教师每个细小的面部表情、手势的紧张与松弛变化都在暗示轮唱时表现的各种要求。在课堂练习时，学生要养成听从指挥，对指挥手势做出正确、迅速反应的习惯，清楚轮唱时指挥的每个拍点，特别是每个乐句的强拍，要准确地进入歌唱，同时根据指挥的手势提示把相应的本小节内其他拍子唱得相对轻。教师的指挥也要符合要求，即左右手动作要连贯、干净利落，力量要聚集。

案例 32：

轮唱歌曲《欢乐的啦啦歌》从头到尾都是此起彼伏的旋律交替，学生领会、感知教师的指挥手势就显得特别重要。在歌曲中，第一、第二乐句的最后一个音符是三拍的长音，如果不关注教师的指挥手势，学生很容易唱成二分音符和四分休止符，破坏歌曲的连贯性和完整性。后两句中出现的附点节奏和二分音符长音、四分休止符等，很容易在轮唱时出现时值缩短、节奏凌乱的现象，只有学生学会关注指挥，更好地读懂教师指挥手势的要求，根据指挥提示准确地表现歌曲的不同节拍，才能有节奏、有层次地唱好这首快乐的歌。

指挥手势不是简单地把指挥图示展示出来，而是借助指挥的处理把歌曲的速度、力度、情感等音乐要素表达出来。学生要逐步养成关注、服从指挥的习惯，与教师产生默契，能看着教师的指挥手势清清楚楚、明明白白地演唱，明确自己该怎么做才是正确的。指挥能将歌曲和演唱者紧紧地拧在一起。

轮唱教学是合唱教学的重要组成部分，轮唱的形式有利于激发学生的歌唱积极性和创造性，有利于学生充分体会不同声部交织在一起的和声效果。当轮唱这种教学手段成为打开合唱教学大门的一把钥匙时，合唱将不再是学生心中遥不可及的歌曲表现形式。

2. 由浅入深、循序渐进地合唱

无论学习什么知识都会有一个由浅入深、循序渐进的过程，违背了这个规律，学生就会产生畏难情绪，进而打消学习的积极性。课堂合唱教学中，由于学生缺少和声观念和技能的训练，突然进行合唱歌曲的学习，他们虽然能独立完成自己声部的演唱，但在声部合唱时难以做到声部的稳定及和谐统一。因为声部之间的和谐不是一朝一夕就能够做到的，只有在合唱教学中降低难度、由浅入深、循序渐进，这种美的和声才能水到渠成。

（1）固定音型伴唱的合唱练习

课堂合唱不适宜唱声部太多的歌曲，一般只需两个声部的配合。在学生较难驾驭平行二声部形式的合唱的情况下，可以先以高声部旋律为主，低声部采用简单的固定音型进行装饰性点缀，教师帮助学生体验和声感觉，为平行二声部合唱打好基础。

（2）创设情境和声的合唱练习

很多歌曲是富有情境性的，在情境中我们总会感受到某种特别有趣的声响，比如动物的叫声（小鸡叽叽叽、小鸭嘎嘎嘎、小猫喵喵喵、小狗汪汪汪、青蛙呱呱呱……）和大自然的声音（小雨沙沙沙、大雨哗哗哗、雷声轰隆隆……），这些声响总会给学生一种特别的乐趣。教师可以挖掘教材中能够进行情境表现的歌曲，利用创设音响的办法为歌曲模拟情景，制造立体声响效果，丰富表现手段，使学生享受声部合作的乐趣。

（3）积累和声音程的合唱练习

平行三度和声音程是比较常见但不易唱好的一种多声部合唱形式，让学生进行由旋律音程到和声音程的积累，是增强课堂合唱能力的一种有效策略。巩固已学的音乐知识与技能，是进一步学习音乐的基础，也是促进智力发展的重要手段。

每一节音乐课都可以进行适当的和声训练，先由一个简单的和弦音开始，再逐级进行乐句训练，最后进行合唱歌曲训练。和声训练与歌曲合唱乐句训练相结合，和声训练也会变得生动而有趣。采取这种学习策略既能让学生的学习由被动变为主动，又能在音程练习中帮助学生及早积累音程，建立调性感，加强和声观念，从而逐步形成合唱的氛围，为合唱歌曲的学习奠定基础。

（4）多样合作方式的合唱练习

合唱就是声音的一种合作活动，个体之间、声部之间、师生之间的默契合作是表现美的和声的有力保证。这种合作能力不是与生俱来的，需要师生共同配合，由浅入深地创设多样的合作方式才能获取。

案例 33：

在学生跟琴学会了《雪绒花》低声部旋律的演唱后，教师采用自己演唱高声部旋律、学生演唱低声部旋律的方式与学生进行合作。在这一过程中，教师一边演唱，一边兼顾学生的演唱情况，声音既能让学生听见，又不应干扰学生的演唱。学生跟琴复习高声部旋律之后，教师又采用自己唱低声部旋律、学生唱高声部旋律的方式进行合作，这次教师唱得比较响亮，尽力地“干扰”学生。之后，学生分成两组进行两个声部的练习。教师先让学生无伴奏清唱，倾听每个声部的情况，根据各声部的特点进行音准、音色的提示。在两个声部合作时，教师帮助其中弱势的声部演唱，再调节，然后共同跟随无旋律伴奏合唱。最后，学生邀请在场的听课教师一起合作演唱，学生演唱高声部，听课教师演唱低声部。通过多种合作方式，学生都能熟悉地唱好自己的声部旋律，并能感受且调控好和谐的声部关系，从而较好地表现合唱的意境。

案例中，学生分别学唱两个声部的旋律，到师生合作演唱两个声部，再到生生合作演唱两个声部，最后学生和听课教师合作演唱两个声部进行现场互动，整个过程非常符合学生的认知能力发展规律，课堂也会一直保持和谐、愉悦的氛围。

在合唱教学中，有的教师先从低声部入手，有的教师则让学生先学高声部，再进入低声部的学习。尽管采用的手段方法有所不同，目的却是一致的，那就是由浅入深、循序渐进地使合唱声部达到和谐统一。

3. 注重聆听的合唱

听，是音乐艺术最基本的特征，一切音乐艺术的实践都有赖于听觉。同样，有一个好的“音乐的耳朵”，对唱好合唱来说是非常重要的。每个人对自己所发出的声音都要做到“心”里有数，而这种感觉的建立，有很大一部分依赖于“音乐的耳朵”。要唱得好，首先要听得好。同时，合唱讲究的是整体的合作，只有相互地倾听，求得音准的准确、声部的和谐，才能共同创造优美动听的和声，保证合唱的成功。

（1）整体聆听感知

在课堂合唱教学中，教师可以让学生通过聆听合唱录音的范带，观看经典合唱团的演唱视频，或直观地感受教师与另一声部音带合作的范唱，对整首合唱歌曲有一个整体感受。然后教师指导学生开展听音色、听和声、感受情绪情感等有意识的欣赏活动，感知优美和谐的合唱声部是怎样配合的，让学生在多听中培养自己音乐的耳朵，为合唱歌曲的学习做铺垫。

案例 34：

音画结合完整播放二声部合唱歌曲《如今家乡山连山》，学生聆听后回答：歌曲抒发了怎样的情绪？（风趣、兴奋、热烈）歌曲描写了什么情景？（母子俩愉快地对话）觉得最生动有趣的是哪个片段？（二声部合唱的片段。高声部是“我”，低声部是妈妈。“我”和妈妈看到家乡起了如此可喜的变化是多么开心啊，“我们”的欢笑声是那么动听。）

这一案例中，通过对合唱歌曲的整体聆听，学生感受了歌曲欢快活泼的风格。在教师的引导下，学生也很快发现了最生动有趣的两个合唱声部之间的烘托关系，发现这首歌曲生动地描绘了母女俩在谷堆下欢笑的场景。

（2）局部聆听感知

案例 35：

在唱会中国民歌《茉莉花》的主旋律后，教师请学生聆听合唱版本的音频并体会、感受熟悉的主旋律分别在哪个声部出现。学生听后表述，主旋律先是在第一声部，后转到第二声部演唱。教师播放主旋律在第一声部的合唱音频片段，让学生注重聆听第二声部旋律与第一声部主旋律有什么联系或不同，以及有什么特点。学生通过对局部乐段声部的聆听，发现第二声部旋律建立在第一声部主旋律上，又有音高和情感的延续，此起彼伏般绵绵地赞颂对茉莉花的喜爱，并借助旋律的起伏、力度的变化、丰富的和声更好地表达歌曲情感。

在这一案例中，教师引导学生关注合唱歌曲中重点局部段落的聆听，感知高低声部的旋律走向，找出两个声部的相同、相似或不同。这种感性的体验和理性的分析能够进一步帮助学生把握歌曲中的旋律音高、情感表达等。

（3）换位聆听感知

换位聆听，在合唱中是一种不可或缺的技能。换位聆听强调学生在合唱时仔细聆听自己及他人的声部演唱，从而及时调整、控制自己在合唱中的声音，寻求合唱声音、情感表达上的和谐。学生一旦感受到合作成功时丰富而和谐的和声效果，那种从未有过的成就感就会推动他们探索并掌握让声音达到和谐的方法。

案例 36：

在掌握了《故乡的亲人》高、低两个声部旋律后，教师请学生自由分组分别担任高、低两个声部，尝试合唱。学生第一次合唱，为了自己的声部不被影响、干扰，都用了较强的力度。教师顺势引导学生思考“只顾自己声部的合唱，效果好不好？”，并再次聆听感受两个声部应当用怎样的力度来演唱？如果在合唱时学会相互聆听，兼顾另一声部的和谐，效果会不会更好？第二次演唱时，低声部的学生力度明显减弱了，两个声部的学生都在关注合唱效果，并调整自己声部的力度，从而达到了较理想的合唱效果。

在分声部训练的换位聆听中，学生要能关注对方声部，能找出对方声部演唱的不足和值得借鉴的地方，在掌握自己声部的同时熟悉另一声部的旋律。在进行多声部合唱练习时，教师要积极引导学生养成相互聆听的习惯，让学生听辨彼此合作的演唱声音是否和谐，并及时调整自己声音的大小。教师应告诫学生，合唱是合作，不是斗争，要互相谦让，多听对方的声音才会有和谐的声音。这种有层次、有目的、有指导的聆听，能让学生在更深层次上感受和把握歌曲，拥有“音乐的耳朵”，体会“听”的乐趣。

在课堂合唱教学中，教师可以充分挖掘教材，有意识地引导学生走进多声部音乐，感受其和声的丰富表现力，在聆听中丰富他们的耳朵，从而有效地锻炼学生的和声听觉能力，促进学生合唱能力的提高。

第二节 “演奏”学习策略

一、策略概述

器乐教学是音乐教学的重要组成部分。和其他音乐教学的形式一样，器乐教学能够陶冶学生的情操，让他们通过教学活动感受美、理解美、欣赏美，它是学校美育教育系统的主要部分。但器乐教学又有着不同于其他音乐教学形式的独特优势，在培养学生的学习动机和音乐兴趣，培养学生合作意识，开发学生的创造性思维，使学生养成良好的道德素养等方面都有其不可替代的作用。因此，器乐教学不仅扮演着美育教育方式之一的角色，也是德育和智育的重要补充。不论是对学校整个教育体系的完善，还是对学生素质的养成，器乐教学都发挥着不可替代的重要作用。

在课堂器乐教学中，转变学生的学习方式是教师需要关注的重要任务。教师不仅要关注自身教学方法的正确运用，更要关注学生学习策略的选用。目前，在小学音乐课堂中，竖笛、口琴、口风琴等是最为常见的器乐演奏学习对象。但对于广大的小学生来说，他们存在认知结构和学习能力的制约，所以教师在指导他们认知这些简单乐器及进行策略的学习和运用时，比较适宜从简单易学、容易操作的策略着手，这样有利于他们更快、更好地学习并运用这些策略。针对竖笛、口琴等简单乐器的学习，小学生在“演奏”环节首先需要解决的就是演奏的技能技巧问题，包括姿态、气息、指法等基本内容，学习策略则可从聆听、模仿、合作学习等方面入手。

二、问题透视

（一）乐器练习时间短，效率低

乐器演奏的学习，说白了就是熟能生巧，它需要大量的时间来练习，只有通过反复练习，技能技巧才能得到提升。但现在，教师、学生要面对主观、客观各层面的问题。从客观上来说，当下教材内容多，教学课时少，学生在课堂上既要学习歌曲演唱，又要欣赏各类音乐作品，还要学习乐器演奏，这样一来，演奏的时间经常得不到保障。目前，很少有教师会拿出一整节课的时间进行单独的器乐教学，大多数教师都是在演唱和欣赏的任务完成之后，才拿出一小部分时间进行器乐教学。接受能力强的学生可能还能勉强应付，而对那些器乐演奏基础较差的学生来说，课上器乐学习时间太短，阻碍了他们学习的连续性，新学的技能技巧在短时间内又得不到巩固，很容易遗忘，这在不知不觉中增大了他们学习器乐演奏的难度。有些学生一个学期下来，不要说演奏一首完整的乐曲，就连一个相对完整的乐曲片段可能都无法演奏。而从主观上来说，虽然课堂练习的时间很短，但只要学生能够集中注意力，提高学习的效率，器乐学习也不是一件难事。知识是可以靠平时课堂上的一点一滴积累起来的，因此只要让学生明白水滴石穿、持之以恒的道理，再加上一定的学习方法和策略，相信学生在应对竖笛、口琴这些简单乐器的时候，一定能事半功倍。

（二）思想上不重视，忽略基本技能的训练

思想上的放松和不屑或许是目前学生学不好器乐的根本原因，而随之而来的则是一系列问题。很多学生经常不带乐器就来上课，等到教师在课上教授这些乐器时，他们两手空空，什么都做不了，更不要说完成教师的要求了。还有一些学生对课堂乐器的学习，往往最关注的是如何用最快的速度把一首作品吹下来，技能技巧的掌握反而被他们忽视了。但是，没有技巧作为铺垫，在课堂练习中，教师只要让学生多练几遍指法，多说几次气息问题，学生就会表现得不耐烦。还有一些学生，虽然能吹奏一些作品，但是无论是基本的指法、演奏的姿态，还是气息的控制，往往都是乱七八糟的，毫无章法可言。当他们憋着手指，驼着背，拼命、使劲、大声吹出那些刺耳的怪音时，相信每个教师都会给他们提出改正的意见，不过又有多少学生在课后能做强化纠正的练习呢？正如之前所说，课堂上学习时间过短确实是客观存在的原因和问题，但是决定事情好坏的根本还是人们的主观行为。如果每个学生能在课余时间每天抽出十分钟练一练他们手中这些简单的乐器，相信这些乐器给他们带来的不是痛苦，而是音乐的享受。

三、策略导引

（一）仔细聆听

聆听学习能够让学生静心欣赏，仔细感受，是乐器自学的良好方式。器乐学习过程中的聆听学习有以下几方面的要求。

1. 聆听演奏要求

对于小学生来说，他们自身对音乐作品缺乏一定的分析和判断能力，此时教师的指导就成为演奏成功的关键。因此，在聆听的学习策略中，聆听演奏的要求是一切的基础。学生只有在演奏前仔细听好教师提出的要求，以及乐曲中的难点、重点，明确演奏的任务与要求，才能更好地完成乐器演奏。

2. 聆听示范演奏

在器乐课堂中，学生会听到各种类型的乐曲范奏。对这些由教师、同学或者配套光碟展示的示范音乐，学生要静心聆听，一是熟悉音乐、听懂音乐，二是听出音乐的难点在哪里，听懂范奏是如何解决这些技术问题的。那种流于表面的欣赏对学生的演奏其实帮助不大。

课堂上，学生演奏乐器并不频繁，但是效率非常高，往往一到两遍就能演奏成功，其原因就在于学生进行了成功的聆听学习。有目的的聆听范奏对高效率的学习演奏来说十分重要。学生如果都能聪明地掌握这种学习策略，乐器演奏的学习也会事半功倍。

3. 聆听自己和周围人的演奏

在学生熟悉作品旋律之后，让他们自由练习是器乐教学较为常用的一种方法。教师在给学生一段时间自由让其练习之后，往往会要求全班学生一起演奏，这个时候，学生就需要抓住机会，学会聆听自己的演奏。这种聆听包括两方面：一方面是聆听当下自己的演奏是否正确。虽然在集体演奏中要听清自己的演奏不容易，但是通过这种比较聆听，学生能更快地发现自己的问题，尤其是当自己的演奏与集体有不同之处时，就应该提醒自己，某个地方可能出错了，需要及时改正。学生在集体演奏中通过聆听也可以发现自己的进步，比如以前经常跟不上集体演奏速度的学生，通过自己的课后练习，取得了较大长进，逐渐能跟上大部队了，这样的聆听也会为演奏者今后的演奏增添信心。另一方面的聆听指的是学生要学会聆听周边其他同学的演奏，尤其是当自己对某一节的旋律、节奏、指法不是特别明确或者不知道如何改正的时候，听一听、看一看周围的人是如何处理的，听过之后自己再做尝试。换言之，就是在聆听他人演奏的同时，默默地向他人学习、请教，效果会比自己“闭门造车”好很多。

4. 聆听演奏评价

演奏的最终目的是陶冶自己，愉悦他人，而自己或者别人的评价是演奏学习的助推剂。如果学生能仔细聆听这些评价及建议，就能从中获得更丰富的演奏经验或教训，也可以用更短的时间了解自己在演奏中的问题，并争取快速进步。当然，这种评价包括很多方面，如同学对自己的评价、自己对自己的评价、家长对自己的评价、教师对自己的评价等。

（1）交流式的学生互评

教师可以定期举行“班级器乐音乐会”或“乐器欣赏大赛”等活动，让学生通过表演树立信心，克服临场的紧张情绪。在活动中还可以邀请学生做评委，让他们在互相评价中提高对音乐的点评、鉴赏能力，同时可以使他们取长补短，提高自己的演奏水平。

案例1：期末考查

期末竖笛考查是对一学期竖笛学习情况的检查，教师为了激发学生的热情，也为了维护良好的课堂纪律，为全班每位同学印制了一张评分表，让学生亲自参与打分工作。教师告诉学生，这次考查的成绩由教师打分和学生打分共同构成，每位同学给其他人打的分数都至关重要，而且考查结束以后，还要请每位同学评出你心目中演奏得最好的三位同学。这样的决策使得全班同学在考查过程中精神高度集中，没有人聊天，也没有人做自己的事情，因为每位同学都想做一个公正的判官。考查结束后，教师回收评分表，并当场统计学生的提名，评出一、二、三等奖。最后，邀请学生自愿起来做简短的评价，如某位同学吹得好，他到底好在哪里，让学生说说自己的理由。

这样一来，学生在器乐学习过程中，不仅能清楚地了解自己的水平，评价和欣赏能力也能够提高，课堂纪律也得到良好的控制，真可谓“一举三得”。

（2）反思式的学生自评

反思过程其实就是学生自我认识的过程，它能有效地促进学习的深化，培养学生的自我评价能力。有学者曾经做过一个实验，让刚进行完器乐演奏的学生对自己的演奏做出评价，80 % 以上的学生都无法给予客观的评价，大多数学生只能用“好”或者“不好”来评价自己的演奏，还有少部分学生更是惜字如金，几乎无法对自己的演奏做出判断。其实，学生如果能够关注音乐的节奏、旋律、速度、情感等方面并进行有效的自我反思，总结经验，寻找不足，进而调整自己的演奏状态及行为，他的演奏水平一定能够取得长足的进步。

（3）反馈式的家长评价

家长是孩子的第一任教师，因此在器乐教学中也不能忽视家长的重要作用。音乐教师可以细心地为每个学生制作一张音乐演奏卡片，并将卡片交给家长。同时，给学生更多表演的机会，让家长参与评价，做学生的热心听众。也可以邀请家长给学生每一次的表演写一段评语，促进教师与家长之间的交流，并为学生创设一个良好的学习环境，以有力地督促学生在课堂以外进行器乐学习。每一段评语都是对学生最大的肯定，也是推动学生继续前行的学习动力。

案例 2：

每到周末，音乐教师都会把音乐演奏卡发给五年级的学生，让他们带回家，要求学生至少为家长演奏一次乐器，并让家长写上简短的评语。周一回到学校，教师回收卡片。一些家长写道：“孩子，听着你演奏的优美琴声，妈妈真的为你骄傲，妈妈很羡慕你。”“老师好，最近孩子的演奏进步很大，您布置的乐曲回来后总是很快就能完成，作为家长我们感到很高兴，但能否对其提出更高的要求？”“孩子，最近你听了很多世界名曲，有些爸爸都没有听过，看着你徜徉在音乐中，我很高兴。”

（4）综合式的教师评价

在学生自评、互评及家长评价的基础上，教师还应该给予学生更有针对性的评价。比如：在课堂学习中，哪部分的演奏有问题，要如何去改；某同学的演奏好在哪里，还有哪些不足；等等。这些都可以由教师提出并让学生加以改正。同时，在学期结束时，教师也可以在每位同学演奏考查结束后，给每位同学一句评价，或是鼓励，或是赞扬，相信教师的评价会让学生在音乐中更好地找到属于自己的那片天空。

（二）在观察中模仿

模仿是个体自觉或不自觉地重复他人的行为的过程，是社会学习的重要形式之一。模仿学习对早期学习有很重要的意义，儿童的动作、语言、技能、行为习惯、品质等的形成和发展都离不开模仿。没有一个人能在聆听美妙的音乐后，拿起从未学过的乐器就熟练演奏。在课堂乐器学习的开始，仔细地观察和模仿非常重要。学生观察正确的演奏，不断地模仿、摸索，寻找演奏中的要点，可以更有效地掌握乐器。模仿学习也是有章可循的，它主要体现在以下几个方面。

1. 演奏姿态的直观模仿练习

案例 3：竖笛演奏学习的第一节课

全班共有 47 人，教师教授竖笛的起始内容，第一部分就是竖笛吹奏的基本姿势。教师先用语言对竖笛姿势进行描述，如身体坐端正，目视前方，用嘴轻轻含住笛头，左手在上、右手在下，笛身与地面呈 45°。接着，教师进行姿势示范，所有学生都对拿笛的姿势进行模仿学习，一部分学生由于看不到自己的姿势，动作出现一些问题，教师如果一一下去纠正，时间上不允许。于是，教师邀请一个动作不甚标准的学生上台示范，让全班同学共同帮助他解决问题，学生们你一言我一语地指出台上同学的问题，如笛身太平，含住的笛头太多。然后，教师再做示范，让其他有同样问题的同学一起改正，对动作重新做模仿。很快，全班同学都能基本掌握持笛的要领。

在演奏乐器的过程中，无论是乐器指法的学习，还是吹奏姿态的掌握，模仿都是最易操作、最直观的方法。在器乐课堂上，教师为了使学生更快地掌握乐器，经常进行各种示范演奏。学生要做的就是观察教师的良好演奏姿态、正确的持琴方法、饱满的精神状态。而教师针对吹奏过程中学生坐立不直、低头含胸、挤压喉头，甚至手指部位错误、吹奏过分用力或者用力不均匀等问题，可以利用每次器乐教学的前两分钟时间，以课堂集训的形式让学生集体模仿教师的动作，加强抬头、挺胸、直立收腹等动作的训练。同时，教师可以邀请部分学生上台做示范，这个示范包括两种：一是邀请姿态特别好的学生，全班集体模仿学习他的动作，教师加以评价；二是邀请动作姿态略有问题的学生，先让其他学生辨别问题所在，全班再集体改正、强化。通过观察不同水平层面的示范，学生可以更直观、更简单地找到动作的症结，并及时加以改正。

2. 技术动作的想象模仿练习

在演奏乐器的过程中，遇到技术难点不要慌张，尝试模仿技术动作，从中感受、把握技术难点的要领。无论是乐器指法还是吹奏技巧，模仿都是最易操作、最直观的学习方法。下面以竖笛为例进行说明。

（1）气息的掌控

在学生初学竖笛时，气息是一个难点。在日常生活中，呼吸是自然的，而吹奏竖笛时的呼吸则要随着音的高低、强弱、长短及情绪上的变化加以调节。因此，在吹奏竖笛时，应该采用胸腹式联合呼吸法，以扩大呼吸量。吸气时，胸腔扩大，膈肌向下压缩，小腹向内收缩；换气时，最好用口、鼻相结合的方法，以口为主，也就是将嘴的两角稍放来开换气；吐气时，应利用胸肌、腹肌、膈肌的控制能力，使气息能够均匀、有节奏地逐渐吐出。那么，学生如何更快地掌握理论性这么强的东西呢？教师可以引导学生展开想象。比如：让学生想象把一张小纸片放在嘴前，用气息把它吹动而不能把它吹跑，或想象把小蜡烛吹动而不能吹灭；或把学生分组，有的组体验吹肥皂泡而不把它吹爆，有的组感受把小羽毛吹到空中而使它不落到地上，有的组感受用力把大气球吹起来；等等。

（2）舌头的运用

舌头的运用是竖笛学习的重要部分。舌头好像一个活塞，可以起阻碍气流的作用。舌头堵住吹口就会发生断音现象，舌头离开吹口，声音就会继续发出。我们吹奏一般乐曲时，常用断音和连音两种方法。断音问题就用“吐音”来解决。“吐音”的发音方法，就是在吹之前舌头顶住上牙和牙龈，在吹气时舌尖一接触吹口就马上向里缩回，使气流吹出，形成断音。吐音是吹奏竖笛的一个很重要的技术，相当于语文课中的汉语拼音。基础扎实了，才能够顺利而轻松地进行后面内容的学习。但是，语言的表达很抽象，很多学生在听完教师的语言表述后也很难掌握要领。这个时候，让学生把吐音的动作跟生活中某个真实的场景和动作联系起来，就会起到很好的效果。比如：让学生在学习吹奏吐音的时候想象青蛙用舌头捕捉猎物的场景，舌尖一接触吹口就快速缩回，同时舌头的动作要有弹性；或者让学生想象皮球触底弹起的样子，感受瞬间的短、快、有弹性等关键点。在想象力的帮助下，学生很快就能做到发音结实、清楚、有弹性，每个音听起来也都干净利落。

（3）指法的记忆

指法的学习也是竖笛吹奏的基础。在训练中，教师首先可以采用口诀形式向学生传授训练技巧，然后用冥想的方法帮助学生进行指法记忆。比如，“要想吹得好，先找 1、3、5（do、mi、sol）”，学生很快会依据口诀找到这三个音，然后接着说“先别自己夸，还有 2（re）和 6（la）”。记住了口诀之后，想象力又要开始发挥作用了，让每个学生都在脑海中想象一根竖笛，教师说到哪个音的时候，就先在脑子里想象那个音的位置和指法，或者想象之前教师是如何吹奏的，然后模仿刚才的想象，将指法落实到现实中的竖笛上。这样做的好处是既可以激发学生学习的兴趣，提高指法的准确度，又能够达到随想随练的境界，即便手边没有竖笛，一样可以轻松回顾和练习竖笛。

日常课堂的尝试表明，这种配合想象力的模仿练习比教师一遍一遍地说，学生一遍一遍地吹效果好得多。学生如果都能够掌握这种利用想象力的模仿学习策略，器乐学习的难度就会大大降低。

3. 对难点化整为零的模仿练习

学生在接触一首全新的音乐或全新的指法时，因为对作品旋律不熟悉等，往往容易产生畏难情绪。这个时候，光有正确的吹奏姿势和吹奏技巧可能还不足以让学生顺利地演奏出一首音乐作品。如果教师能够充分利用课堂的学习时间，巧妙地将一首作品化整为零，将需要注意的重点和难点结合听、唱、游戏等手段让学生逐一模仿，创设一个轻松的环境，让学生在不知不觉中掌握演奏的技术技巧，并能较为准确地将整首作品演奏出来，这才是学习的最佳状态。学生如果都能熟练掌握这种学习策略，在自学过程中用些小的方法手段将困难一一击破，对他们之后的演奏学习，尤其是完整演奏一首音乐作品将起到很大的推动作用。

案例 4：竖笛乐曲《我有一只小羊羔》的教学

学生已学习了 sol、la、si 三个音的指法及吹奏方法，为了让学生养成良好的吹奏习惯，教师也反复强调了一些吹奏指令，帮助学生复习学习过的 sol、la、si 三个音。例如："空笛练指法"就是让学生将竖笛吹口靠在下巴上，手指走指法，口中唱音的唱名；"空笛练吐奏"就是让学生将竖笛吹口靠在下巴上，手指走指法，口中发"tu"音练习吐奏；"随琴声走音阶"就是让学生从学过的最低音开始到最高音进行上行及下行的音阶练习，每个音四拍。

我们可以看到，教师在整个教学过程中花了很多心思，以完成小任务的方式激发学生的学习兴趣。从最基础的单音开始，除了巩固 sol、la、si 三个音的吹奏，还进一步巩固了学生对教师吹奏指令的熟悉程度。然后，以游戏的形式让学生循序渐进地掌握 sol、la、si 三个音的吹奏，慢慢过渡到下一环节的乐曲吹奏。并让学生在猜旋律唱唱名的环节中学会听辨旋律，感受音高，建立正确的音高概念，同时加入节奏的变化，让整个教学循序渐进地展开。最后一个环节，教师将本节课要学会吹奏的乐曲《我有一只小羊羔》的旋律拆开让学生听辨、唱，再让学生练习吹奏，化整为零，生动有趣。

学生在课堂器乐教学中要学会主动、仔细地聆听音乐，观察演奏，实践模仿。静心聆听能加深自己对音乐的感受，仔细观察能发现自己在演奏中的问题，模仿演奏能迅速掌握演奏技术。由此可见，就器乐的学习而言，聆听、模仿是非常重要也是最简洁易行的学习策略。

4. 合作演奏的学习策略

在器乐课堂的学习方式中，聆听与模仿是为了欣赏他人的表演，找到自身的差距，促进自身演奏的进步。聆听与模仿虽然能够有效地提高学习效率，但是也有其局限性。学生的聆听与模仿行为只能集中在自己一人的身上，而器乐学习的进步离不开学生间的配合与合作，因此合作学习能让学生在群体中获得成长和提高。

（1）合作齐奏

齐奏是器乐教学的一种形式，它本身就是一种比较简单的合作。齐奏要求学生演奏时速度、力度均衡，音高准确。这无形之中就给学生提出了比独奏更高的要求，学生既要顾及自己的演奏，又要兼顾同伴的演奏。有些基础较好的学生为了显示自己已经会吹了，而且比别人吹得好，就完全不顾别人，只按自己的意愿拼命吹奏；有些演奏基础不太好的学生，本来心里就自卑、着急，这样一来，就更跟不上班级整体水平了；还有一些调皮捣蛋的学生，不愿意默默无闻地埋没在乐队里，时常在演奏时发出各种怪声，以引起大家的注意，从而使整个演奏变得杂乱无章。这样的演奏课堂不仅纪律混乱，难以控制，更不利于学生完整学习和演奏作品。

案例 5：

教师把学生吹奏的竖笛曲子悄悄录了下来，并重新播放给学生听。教师说：“这样的音乐你们觉得它优美吗？如果不优美，你们有信心创作更加动听的旋律吗？”学生都兴奋起来，表示要团结协作，共同创作优美动听的音乐。于是教师抓准时机，让学生与教师一同出谋划策，设计形式多样的齐奏，如同桌间的二人齐奏、同组间的小组齐奏、各组间的竞赛齐奏、全班齐奏等。之后，教师拿录音机帮学生录音，让学生自己欣赏。

在各式各样的齐奏中，学生学会了互教互学、彼此交流。在一次又一次的互吹互评当中，学生学会了倾听别人的演奏来调整自己的演奏状态，班级的集体演奏从而变得整齐又和谐。学生再次听到录音机里自己演奏的曲子时，每个人的表现欲都得到了最大的满足，在欢乐的气氛中，每个人的演奏水平也得到了相应的提高。可见，合作齐奏这种演奏形式比学生一个人自顾自地练习更容易激发学生学习乐器演奏的兴趣，无形中也会推动学生器乐演奏水平的提高。

（2）二声部合奏

合奏是一种最常见的演奏形式，合奏能力也是器乐演奏技能的一个重要组成部分。合奏可以使学生在多声部演奏中感受更多层次的音乐形象，体验更加丰富的情感，同时使学生在合奏过程中逐步意识到，一个人只有融入集体，才能真正体现个人的才华。

①为歌曲创编简单的二声部并进行合奏

学生学会吹一些简单的歌曲之后，就可以开始创编简单的二声部。比如，学生已经学会了演奏《粉刷匠》《闪烁的小星》《洋娃娃和小熊跳舞》等歌曲，针对这些乐曲旋律比较简单、音比较单纯的特点，教师请学生自己编第二声部，要求是简明扼要，只要一个单音。学生虽然没有学过和声，但经过教师加工以后，一首二声部的乐曲就出来了，然后由学生进行合奏。可以采用不同的演奏方式，如师生合作吹奏，第一声部由教师吹奏，第二声部由学生吹奏，也可以是生生合作，教师分组由学生自由选择吹奏哪个声部，同时引导学生注意倾听旋律声部和其伴奏声部的音响。学生有很强的好胜心，谁也不愿意因自己的疏忽而受到指责，因此在合奏时就会高度集中精力，与其他声部做好配合，从而提高器乐学习的效率和准确度。

②以奏带唱教材中的二声部歌曲

二声部合唱的学习是一直是小学音乐教学的重难点，教师往往要花不少精力，但效果并不好。而由于乐器有固定音高，不存在音准问题，学生可以充分利用手中的乐器，以奏带唱。这样一来，不仅能帮助学生把握二声部歌曲的音准和音程，同时在合奏过程中也可以加强学生的合作能力，提高学生的学习兴趣，可谓一举两得。

案例 6：教学歌曲《钟声叮叮当》

这首二声部歌曲可以先让学生用口琴分声部练习旋律，互相聆听，让学生在大脑中对声部的音高及旋律线条形成印象，再进行双声部合奏练习。在这一环节中，教师注意引导学生倾听正确配合产生的良好音响与配合失误造成的缺憾音响两种不同的合奏效果，使他们认识到合作的重要性。然后，教师要求他们把合奏时的音准和音程感觉转移到合唱中。最后，再将学生分成四组，各担任高、低声部的演唱和演奏来表现这首歌。

通过这样的合作练习，学生不仅能较快地解决合唱中的二声部问题，而且能通过合唱反过来促进器乐演奏水平的提高。在唱、奏双赢的同时，也能培养学生密切合作、团结向上的良好品德。

（3）合作表演

学生是活泼可爱的，也是充满想象和创造力的。学生为什么喜欢音乐课堂，原因之一就是音乐课给予了他们展现和创造的舞台。因此，课堂器乐教学并不单纯是教与学的过程，更是一种综合表演的过程。其实每个课堂中的学生，音乐演奏水平都是参差不齐的，有的学生乐感好，有的学生节奏感好，如果让他们根据自己的爱好自分小组，自主合作分工，取长补短，发挥各自的优势，对于他们的演奏学习来说，应该可以“锦上添花”。所以，课堂上的合作表演是一种很有针对性又非常可行的方法。

案例 7：口琴课《小小英雄》

师：同学们，今天我们要一起学习乐曲《小小英雄》。首先，老师为大家示范演奏一遍，请大家聆听欣赏。

（教师示范演奏歌曲《小小英雄》，学生聆听欣赏。）

师：同学们觉得这首乐曲在情绪上有什么特点？

生 1：老师，我觉得乐曲的情绪有朝气蓬勃的特点，像在塑造一个小英雄。

师：你说得很好！那乐曲是几拍子的呢？

生 1：是四四拍的。

师：很好！现在老师给大家几分钟的时间，同学们请就近四至六人组成小组，共同讨论、学习乐曲《小小英雄》的旋律。待会儿我们请部分同学交流，开始！

（学生根据教室座位的安排，就近组成学习小组，自学《小小英雄》的旋律。教师观察学生的学习情况，及时给予帮助。）

师：时间到了。我们先完整地把《小小英雄》演奏一遍，注意音准和节奏的准确。老师来为大家指挥节奏！准备，一二三，起！

（全体学生齐奏《小小英雄》完整旋律，教师指挥演奏，强调音准和节奏。）

师：演奏得不错！老师发现大部分同学都已经学会了吹奏旋律。同学们在讨论和学习的过程中，有没有发现旋律演奏中需要注意的地方？

生 2：老师，我们小组觉得乐曲有进行曲的风格，因此每一小节的第一个音要演奏成重音，这样进行曲的风格就更明显了。

师：很好！你们小组能示范演奏一下前四小节吗？带上你们小组讨论的结果。

（生 2 小组四个学生齐奏《小小英雄》前四小节旋律，每小节第一个音加上了重音。）

师：演奏得很棒！其他小组有什么建议？

生 3：老师，我们小组觉得乐曲第十一、第十二小节的音很难吹奏。高音 mi 和高音 re 的位置在口琴上很难找到！

师：你们小组发现了这首乐曲的演奏难点，我们一起来分析一下。

（教师在屏幕上展示口琴的音阶图标，强调和明确了高音 mi 和高音 re 的具体吹奏位置，说明了吹吸方法并示范演奏。）

师：现在我们一起把这句难点乐句演奏一下。

（学生一起演奏《小小英雄》第十一、第十二小节难点乐句。教师运用手势提醒吹吸方法和移动的位置。）

师：我们把难点乐句演奏准确了！还有小组有建议吗？

生 4：乐曲最后四小节的节奏较难把握，尤其是快速的音符来不及吹奏。

师：这位同学发现的是节奏上的难点。最后四小节中二分音符时值要足，十六分音符要快速短促。让我们一起来练习一下！

（学生共同演奏纠正最后四小节的节奏。教师手打拍子提醒学生音符的时值特点。）

师：通过小组讨论活动，我们已经能够完整地演奏乐曲，并发现和解决了乐曲中的旋律和节奏难点。现在请同学们自由组成小组进行课堂乐器活动，要求每个小组六至八人，共同表现乐曲《小小英雄》，可以运用乐器、演唱、舞蹈、节奏等形式表演。给大家几分钟时间准备，待会儿我们交流。开始！

本课中，教师运用乐器口琴，让学生学会演奏乐曲《小小英雄》，并组织学生在学会乐曲的基础上进行小组讨论和即兴创编，学生在聆听乐曲完整演奏的基础上了解了乐曲的情感。通过小组合作学习方式，学生在短时间内自学了《小小英雄》的旋律演奏。众人拾柴火焰高，在合作自学的过程中，学生通过交流和分析，找到了乐曲的旋律难点和节奏难点，并且找准了四四拍节奏的重音。在和教师的交流中，教师充分运用学生的讨论结果，有效地对旋律和节奏、重音等进行音乐处理和演奏实践，提高了课堂效率。在此基础上，教师巧妙地运用“小小英雄大家演”的课堂拓展活动，让学生自由选择小组进行活动，并给予表现形式的建议。这给了学生充分的选择空间，学生通过在小组内的分工、交流、排练，丰富了《小小英雄》单调的旋律，并通过合作演奏展示了小组成果，得到了改进意见，鼓舞了学习乐器的信心。

在课堂器乐教学中，通过小组合作学习，学生的知识会得到丰富，经验会得到积累，分工会更明确，交流会更顺畅。同时，通过合作排练表演，小组与小组间会开展友好的竞争，这也有利于推动课堂器乐教学，更好地体现课堂器乐教学的效果。

5. 培养课后的反思

在课堂器乐教学中，学生除了聆听模仿、努力合作，还应该养成乐器学习后的反思习惯。对课堂器乐学习进行反思，学生可以逐步积累经验，提高演奏水平，确保器乐课堂的有效学习。

（1）记录乐器学习心得

在器乐课堂上，由于时间有限，学生的学习内容很多、节奏很快。教师要在有限的时间内让学生学习演奏技巧，视奏教材乐曲，小组合作交流，课堂创作表演。在这样快节奏的学习过程中，学生所做的只能是跟着教师的思路，逐步扎实地学好课堂乐器。很少有人想过，虽然学生在课堂上获得了许多，但是他们在课堂后有没有学习呢？其实，学生在回家后都应该想一想这堂课教师教了什么乐曲，训练了什么演奏技术，在课堂的演奏交流活动中个人有什么进步，有什么退步和不足之处。对课堂教学进行记录与反思，学生不仅能够从中得到启发，也会为以后的学习确立明确的目标。

（2）制订乐器学习计划

只有记录和反思是远远不够的，学生的课堂记录与反思都是为了促进下一步的乐器学习，因此学会制订下一步的乐器学习计划就显得十分重要。需要注意的是，这个学习计划不是整体的乐器学习目标，更不是空泛地表达愿望，而是先要对过去的学习进行总结，考虑过去一阶段学习中的进步和退步，寻找学习过程中遇到的问题，思考克服这些困难的办法。随后，要制订下一阶段的乐器学习计划，不用制订得很久远，只是就前一阶段乐器演奏中遇到的问题进行有针对性的学习与改进。学生在学习计划的指引下，在教师的鼓励下，拿出实际行动，在以后的每一堂课中不断地要求和训练自己，最终取得乐器演奏上的进步与成功。

第三节　“综合性艺术表演”学习策略

一、策略概述

表达思想和情感是人类本能的欲望，并会通过语言、歌唱（含演奏）、舞蹈等形式自然地流露，自古如此。音乐教育首先要通过音乐与身体结合的节奏运动唤起人们的音乐本能，培养学生的音乐感受力和敏捷的反应能力，进而使学生获得体验和表现音乐的能力。音乐作为传达人类情感的表演艺术，已成为人们生活中不可缺少的朋友。音乐学习是通过感受与欣赏、表现、创造等方式进行的。而“综合性艺术表演”是一种以音乐表现为主线，渗透和运用其他艺术表现形式的综合性表演。其在小学音乐教学中内容丰富、形式多样。一、二年级主要包括律动、音乐游戏、集体舞、儿童歌舞表演等学习内容；三至六年级主要包括儿童歌舞剧、音乐剧、戏曲和曲艺等表演，同时要求学生能主动地参与表演活动，艺术表演能突出情节发展和角色特点。对于综合性艺术表演，学生可以通过体验、模仿、探究、合作等方法进行自主学习。

自主学习策略是以学生为学习的主体，学生通过自己独立的分析、探索、实践、质疑、创造等方法实现学习目标的学习策略。自主学习是与传统的“他主学习”相对应的一种现代化学习方式，具有能动性、反馈性、调节性、有效性和迁移性等特点。这是积极的学习状态和学习能力的体现，也是一种科学有效的学习策略。自主学习策略在综合性艺术表演的学习中有重要的作用。

首先，自主学习能充分发挥学生学习的主动性，激发和培养学生参与音乐艺术实践活动的积极性。自主学习策略包括观察、模仿、自我控制调整和自主创造四个水平的发展，和传统的被动式学习有着本质的区别，是以学生为主体、教师为主导的新型学习模式的充分体现。其次，自主学习能培养学生的音乐表现能力和创造能力。综合性艺术表演是通过演唱、演奏或肢体动作、表情、语言等多种形式表达故事情节、塑造音乐形象的，具有很强的灵活性、综合性。它既可以是两种因素的简单综合（如表演、律动），又可以是两种以上因素的复杂综合（如歌、舞、剧三者的综合），还可以是更多因素的高度综合（如在音乐剧的基础上融入其他艺术形式和科技手段）。自主学习通过模仿、创造、探究和小组合作等方式，能培养学生的群体意识和合作精神、能力。比如，集体舞、音乐剧等集体性的音乐表演活动强调学生之间的相互调整、配合，不仅能发展学生的个性，对学生音乐合作能力的培养也有重要作用。在学习中，学生也能结合小组探究学习的方式进行自主学习，并能在这种合作探究的环境下获取音乐知识、技能，对自己的学习进展和方法进行自我监控、调节，完成对学习结果的自我检查和评价。最后，自主学习策略还具有培养学生终身学习音乐的愿望和能力的作用。

二、问题透视

案例 1：《玩具进行曲》教学片段

（《玩具进行曲》新歌教唱结束以后）

师：同学们，你们看玩具王国要举行一场盛大的音乐会，都有谁出场了？

（课件出示：动物图片）

生：小汽车、小娃娃、小熊猫、小鸭子……

师：（给回答的学生戴上头饰）让我们和可爱的小动物们一起参加音乐会吧。请同学们和着音乐扮演各种玩具角色，老师来做主持人。动物音乐会开始了！

（《玩具进行曲》伴奏音乐循环播放。）

师：小汽车到——！

（学生做开车状，有的学生不知道表演什么。）

师：小猴子到——！

（学生表演猴子，有的抓耳挠腮，有的互相嬉戏。）

师：小鸭子到——！

（学生表演小鸭子，课堂里热闹非凡，学生吵闹、嬉戏，表演与音乐完全脱节。）

（场面失控，教师不得不草草收场。）

师：好，各位参加音乐会的同学们请坐到自己的位置上，我们的音乐会马上开始。

（播放歌曲《玩具进行曲》，为了控制课堂纪律，教师带领学生进行表演。）

案例中的学生为什么没能把各种玩具的特点用形象的肢体动作、惟妙惟肖的表情和准确的音乐节奏等表现出来呢？

从学生层面来说，主要是因为学生没有运用自主学习策略的意识。一年级的学生还谈不上策略的运用，教师只能通过简单的模仿、创编等方式培养其运用策略的意识。学生刚从幼儿园升到一年级，对音乐游戏、律动、表演虽有一些经验，但是这些经验只肤浅地停留在模仿简单动作的初级表演阶段，还不具备自主创编等策略运用的前提条件。也许有个别学生具有表演天赋，能跟着音乐进行一些简单的动作表演，但这样的表演仍然比较随意，缺乏音乐性或表演的技能技巧。教学要面向全体学生，任务就是让多数学生都能运用基本的策略和方法进行表演。这就需要循序渐进地培养学生运用策略的能力。比如，提高运用策略的意识，学会赏析优秀作品，注意积累丰富的实践经验，注重反馈评价和自我调整，等等。

从教师层面来说，主要是缺乏对学生自主表演策略的运用指导。活泼好动、热爱表演是低年级学生的最大特点，案例中的学生还没有运用策略进行表演的自主意识，更没有这方面的实践经验及评价和自我调整等能力，出现案例中嬉戏打闹的场面也是必然现象。教师没有对他们进行表演策略上的引导，只提出“让我们来扮演各种角色”的简单指令，学生也只能在这样的指令下简单地进行“角色”塑造的表演。从完成指令这一层面来说，学生已经完成了教师提出的指令，而他们的表演没有节奏、没有表情、没有舞蹈的美感等，这些都是因为教师没有给予很好的指导和引领。学生的想象力和创造力就像是一个未被发掘的宝库，关键是教师有没有一把可以打开宝库的“金钥匙”，这把“金钥匙”就是对学习策略的正确指导。这位教师对本节课的表演完全没有细化的要求，学生的表演自然只能停留在几个简单的随意性动作上。律动、表演、唱游等音乐活动是小学低年级学生非常喜欢的，而这些教学活动的有效、有序和有趣展开与教师的教学策略有着直接的关系。教师如果不注重学习策略的导引，学生就会永远只在教师的牵引下进行“他主学习”。

在综合性艺术表演的教学实践中，自主学习策略的指导往往是很不到位的，下面这个案例是一则很典型的个案。

案例2：《天下的妈妈都是一样的》

（课堂“献给妈妈的歌”环节结束，学生学会歌曲《天下的妈妈都是一样的》。）

（1）导入

师：妈妈一生都为了家庭操劳，妈妈的爱是这样的无私，这样的深情，我们要感谢妈妈对我们的关爱。让我们为歌曲配上优美的动作，表演给自己的妈妈看。

（2）表演学习

①表演策略讲解：模仿、分解动作、喊口令等策略讲述。

②自主学习：播放少儿舞蹈《天下的妈妈都是一样的》视频，让学生自主学习。

③学习反馈。

师：在这段动作的学习中你遇到了什么困难？

生：有的动作太复杂学不会。

师：遇到复杂动作我们可以采用慢练、分解练习的方法来解决。

（教师示范分解动作，学生反复练习逐渐熟练。）

④完整表演。

师：让我们跟着音乐边唱边跳，祝福妈妈幸福安康。

（音乐起，大部分学生跟着音乐跳起了舞，少数学生边唱边跳。）

师：同学们表演得很好，美中不足的是没有兼顾唱，下面我们再来一遍。

（学生随着音乐进行表演，歌声响起了，动作不够完整。）

师：同学们表演得不错，以后要加强唱和跳的综合表演。

（教师反思：这个班级的学生表演能力太差，以后要加强训练。）

这是一节以唱歌为主、表演为辅的高年级音乐课。表演和律动是小学音乐课中比较重要的两种表演活动，课例中出现的学生唱和跳无法综合表演的问题具有一定的典型性和普遍性。这节课在策略学习的指导上存在的问题主要体现在两方面。一方面，策略知识教学没有与学科知识学习挂钩。教师在进行表演教学之前，先对学习策略知识进行了详细的讲解，想让学生对策略知识有个理性的认识，然后根据这些策略进行实践。这种做法是不可取的。高年级学生的理解能力虽然比低年级学生强，但是这种没有实践支持的空洞理论对他们来说也是索然无味的。音乐课中的表演是根据音乐的情绪、节奏、旋律等特点而进行的肢体动作表演，是一种以身体各部的动态来感受音乐、理解音乐、表现音乐的音乐活动。音乐学科的学习内容具有特殊性，与其他学科不同。策略知识应该渗透在各种音乐活动中，让学生通过感受音乐、表现音乐的活动潜移默化地掌握，而不是通过讲授法直接传递给学生。案例中的教师脱离了音乐作品和活动，对学生进行说教式的策略传输，因此在自主学习环节学生没有运用策略解决学习中的问题。另一方面，舞蹈动作过于复杂，综合难度过大，不利于歌词记忆。音乐课中的表演是一种边唱边演、载歌载舞的形式，用歌声和动作来传情达意，对培养学生的音乐表现力和创造力有重要作用。这种表演以歌唱为主、表演为辅，因此教学应该尽量做到动静交替，动作不宜过于复杂，幅度不宜过大，否则就会影响歌唱的呼吸、发声等。这首歌是新授歌曲，学生通过一节课的学习才基本会唱，对歌词还不够熟练，而案例中的教师采用的视频资料是舞蹈版《天下的妈妈都是一样的》，舞蹈动作难度较大，变化多且幅度大，将其直接应用于课堂是不合适的。教师可以选取一些主题动作进行多次反复和变化，作为学生自主学习的内容。

三、策略导引

案例 3：《狮王进行曲》第二课时

教学目标：

（1）在学生第一课时了解乐曲结构、会唱《狮王进行曲》主题的基础上，引导学生运用模仿、想象策略参与创编小型音乐剧“动物狂欢节”。

（2）欣赏乐曲《天鹅》《公鸡和母鸡》，感受不同的音乐形象，并用肢体动作进行律动表演。

（3）通过音乐剧“动物狂欢节”的创编与表演，培养学生感受音乐、表现音乐和合作创编的能力，提高学生的综合艺术表演能力。

教学准备：

（1）PPT 课件：天鹅、公鸡、母鸡等动物图片和表演参考视频资料等，相关音乐素材的剪切、拼接。

（2）音乐剧涉及的动物头饰、道具等。

（3）简单的音乐剧故事情节、小组任务分工安排。

教学过程：

（1）动物狂欢节——《狮王进行曲》

①让学生跟着《狮王进行曲》音乐剧视频进行模仿表演，注意故事的开始、中间和最后都表演了什么内容。

②听音乐概括故事情节：重要通知、狮王巡视、狮王吼叫、动物狂欢。

③“小鸟通知”：教师旁白，学生表演。（以学生自愿和教师分配相结合的方式确定角色，教师念旁白，师生合作表演。）

④“狮王巡视”表演。

音乐：我是森林之王狮子，我的叫声吼吼吼。小动物们不要害怕，我们都是好朋友。

师：狮王出来巡视的时候，小动物们是什么反应呢？

生：狮王巡视的时候，小动物们害怕得发抖。

（学生表演：狮王出场与小动物们害怕发抖。）

师：狮王唱“小动物们不要害怕，我们都是好朋友”，小动物们不再害怕了，他们会怎么欢迎大王呢？

生：鼓掌。

（学生表演反复段：狮王歌唱与小动物的鼓掌欢迎。）

⑤狮王吼叫：学生跟音乐复习表演动作。（吼叫动作与跺脚，表现狮王的吼叫地动山摇。）

⑥动物狂欢。

教师引导学生设计、表演小动物欢迎狮王的唱词。

师：小动物为了欢迎狮王的到来也准备了一首歌，听听它们是怎么欢迎狮王的。最后狮王吼叫了几声？狮王在宣布什么？

出示：您是森林之王狮子，我们大家欢迎您，您是森林之王狮子，我们大家拥护您。

（学生跟着音乐模仿喜欢的小动物形象进行演唱。）

（2）动物狂欢节——动物表演

①第一个节目《天鹅》：引导学生随乐句变化表现天鹅抬头挺胸、低头喝水、展翅飞翔等简单律动，要求表情自信而高贵。（这部分可以由女生表演。）

②第二个节目《公鸡和母鸡》：先让学生听音乐片段说出匹配的动物，再让学生根据音乐标题“公鸡和母鸡”想象舞蹈动作的特点，如尖嘴寻食、展翅低飞、嬉戏打闹等。（这部分表演可以由男生扮演公鸡，女生扮演母鸡。）

（3）完整表演

①教师运用图片复述音乐剧情节，学生进行表演尝试。

②学生反馈自己表演中的体验、困惑，教师评价、指导。

③再次表演。

本课是小学一年级的一节欣赏课，这节课的主要目的是让学生通过参与小型音乐剧的创编与表演活动，提高创作能力和综合性艺术表演能力。其主要教学特点如下。

第一，策略教学目标明确。案例中，教师的教学目标是“在学生第一课时了解乐曲结构、会唱《狮王进行曲》主题的基础上，引导学生运用模仿、想象策略参与创编小型音乐剧‘动物狂欢节’”，这位教师针对策略教学制定了明确的目标。模仿是表演学习的初级阶段，而培养学生自主学习、自主创新等能力才是综合艺术表演的更高目标。创编活动正是自主学习的一种很好的方式，在本课中，学生通过对话、动作和表情等自主探究和合作创编，初步接触音乐剧的基本元素，对其有了简单的了解和认识。本课教学目标的设立不仅关注到学生观察、模仿、自我控制和自主等策略水平的发展，也能对学生的内在动机和自我效能感起到激励作用。一年级学生的学习都以观察、模仿策略为主，他们对于模仿学习的内容往往是“知其然而不知其所以然”。案例中的教师能以“模仿”为基石，让学生尝到“创编”的果实，这一点是本课的亮点，这对学生表演体态、演唱、表情、语言（语气、语调）和自信等能力的培养具有很大的帮助。另外，策略教学目标的设定不仅要明确，也要难易恰当。策略学习的目标既要符合学生的年龄特点，又要从学生的生活经验出发，要在学生“跳一跳就能获取”的弹性范围内设定。

第二，收放自如，自主学习有实效。本课一开始，教师就利用视频让学生通过模仿表演关注故事的主要情节、狮王的动作特点等，教学策略有张有弛、收放得当。紧接着，教师为这段音乐的引子部分设计了角色台词和表演动作，为后面学生的创编起到了很好的示范作用。另外，在第一环节“狮王进行曲”的表演基础上，教师进行了大胆的尝试，让学生聆听音乐《天鹅》《公鸡和母鸡》并进行简单的肢体动作创编，旨在培养学生把握音乐要素进行自主表演的能力。

此外，可以看出教师在音乐素材的选择上也动了不少脑筋。虽然《天鹅》《公鸡和母鸡》两首补充作品和《狮王进行曲》同出卡米尔•圣-桑（Camille Saint-Saëns）的《动物狂欢节》组曲，但是作品在音乐情绪、速度、音色等方面有很鲜明的对比，这有利于学生建构鲜明的角色感。同时，教师使用这两首补充作品的不同音乐形象引导学生进行角色和情节表演，不仅有利于学生感受音乐、理解音乐,更有利于学生表现音乐和创造音乐的审美情趣的培养。

案例 4：小学音乐一年级上册《龙咚锵》

教学目标：

（1）聆听《新年好》和《欢乐中国年》音乐，感受不同的音乐情绪和速度。

（2）通过对歌曲《龙咚锵》的学唱和表演，掌握北方秧歌舞的基本舞步“十字步”，配合音乐表现过新年的快乐心情。

（3）通过《龙咚锵》探索民族打击乐器锣、鼓和镲的音色、演奏方法等，再用肢体动作模仿演奏。

教学准备：

（1）布置教室（贴对联、红窗花，挂灯笼、气球……），创设过年的情境。

（2）PPT 课件。

（3）民族乐器锣、鼓、镲。

教学过程：

（1）探索乐器

①导入。

师：同学们，老师手上拿的是什么乐器?

生：鼓。

师：老师想用鼓和音乐向大家表达一下心情，请大家认真感受一下这份心情是怎样的，猜一猜这段音乐表现的是哪一种传统佳节。

（教师和着音乐表演《欢乐中国年》。）

生：老师很开心、很激动……

生：春节。

②介绍鼓、锣、镲及其组成部分（略）。

③锣鼓喧天（情境表演）。

师：谁来敲击一下这些乐器，并向大家描述一下乐器的声音?

生：鼓的声音是“咚咚咚”的，锣的声音是“哐哐哐”的，镲的声音很大，是“锵锵锵”的。

师：同学们的耳朵很敏锐，表达也很准确。我们的民族是一个智慧的民族，人们用“龙咚”表示鼓，用“锵”表示镲，用“台”表示锣，看来和同学们的想法有异曲同工之妙啊。

师：你能模仿一下打鼓和击镲的动作吗？让我们学着小演员的样子把鼓敲起来吧！同时想一想，他们在击鼓时加上了哪些身体动作。

（学生模仿视频《威风锣鼓》进行情境表演。）

教师引导学生感受锣鼓音乐的情绪、动作、幅度，表演的队形、表情。

（2）歌曲教唱

师：同学们能找出歌曲中表示鼓和镲的声音的句子吗？（龙咚龙咚锵！龙咚龙咚锵！龙咚锵！锵！锵！）它们都是相同的吗？

（学生找出，教师在课件上用不同的色块表示相同与不同。）

师：请你跟着老师来学一学红色方块的句子。

师：老师想请大家用这样的动作来模仿鼓和镲，并加上动作读一读这句。（学生模仿）

师：那么绿色方块的这句和红色的是完全不同吗？

生：不是，前面相同，后面加上了一些。

师：那这一句怎么读？（学生尝试）

（学生尝试如果有困难，教师可以采用师生接龙的方式学习这句的尾部。）

（学生学会边读边模仿之后，教师让学生自己试着设计相应的打鼓、击锣动作，让学生模拟感受打击乐所表现的动感。）

这是一节小学一年级听、唱、演、奏、动相结合的综合课。这节课形式新颖活泼，思路清晰，内容丰富多彩，是一节非常适合低年级学生的综合性艺术表演课。

这节课的设计突出了两个特点。第一，对学生表演学习有正确的策略导引。这堂课以“过新年”为主题，结合歌曲《龙咚锵》设计了欢歌、热舞、奏乐等环节，形式新颖，深受低年级学生的喜爱。最后还用自选的方式让学生把多种艺术表现形式自主组合起来并进行表演，充分体现了自主学习策略在音乐学习中的运用。第二，有模仿、有创造，对学生学习综合性艺术表演有梯度要求。从一开始的鼓演奏的模仿、赏析，到歌词教学的律动辅助，从简单到复杂，层层推进。学生在教师的引导下不仅有简单的模仿，也有对艺术表演的具体评价和分析，符合“实践—理论—实践”的学习规律。学生通过主动参与音乐实践活动，潜移默化地学习了一些基本的表演策略。

教师在教学中应注意培养学生自信的演唱、演奏能力，综合性艺术表演能力，以及在发展音乐听觉基础上的读谱能力。这堂课以学唱歌曲《龙咚锵》为中心，展开了丰富有趣的鼓镲动作模仿、打击乐伴奏和自助式综合性艺术表演。另外，为了配合“新年好”的主题，教师在课前还有意营造了过年的喜庆场面，让学生很快进入过新年的气氛。接下来的教师鼓乐表演给学生带来很强的听觉与视觉上的冲击，不仅激发了学生学习的兴趣，更快速地集中了学生的注意力。课上的很多环节都体现了学生自主学习的主体性，如学生对打鼓击镲动作的模仿设计，学生对综合性艺术表演的自主选择，等等。这些都给学生的自主学习提供了很大的空间。

案例 5：《丰收之歌》教学片段

（1）情境表现

教师播放劳动人民田间劳动的四张图画，让学生观察他们在干什么，是怎么干的。（动作模仿）

师：想象一下，劳动时会有怎样的声音？请你用动作和声音来模仿一下。

生：打麦，啪——啪——啪——啪——

师：你能有声表演一下吗？（学生尝试，学生点评，教师提出修改意见：表演来源于生活，但更夸张，我们可以用夸张的方法把劳动和生活中的动作改编到表演中。）

生：还有挑担，欸嘿、欸嘿、欸嘿、欸嘿。（教师指导学生进行表演。）

生：打农药，刺刺、刺刺、刺刺、刺刺。（学生模仿表演。）

（教师播放赵本山在小品中表演的打农药动作，引导学生重点观察脚步动作、目光的方向。）

师：表演还可以加上舞步，使动作更有动感。

教师出示图片，让学生合作表演。（如打麦与挑担、挑担与打农药等。从一种到两种，一直到三种表演合作，根据学生的情况设计。）

（2）欣赏音乐《丰收之歌》

教师引导学生聆听音乐的情绪、速度、表演形式、歌曲结构等。（教学过程略。）

（3）分组表演

学生分组表演，通过小组自评、他评和教师评价得出综合评价。

这是一个音乐欣赏与律动表演相结合的教学片段，其最大特色就是自主学习策略的课堂指导。学生在教师的引领下自主设计表演动作、自主选择学习策略、自主评价学习效果，充分发挥了主观能动性和自主性。这节课的主要特点如下。

首先，运用动听结合提高学生对音乐的感知与理解。本教学片段遵循“动—听—动—听与动”的活动主线，从创设劳动情境、劳动动作模仿，到音乐聆听、为音乐创编律动，再到律动表现音乐，体现了律动表演与音乐要素的相关性。在欣赏教学中，教师要让学生通过乐聆听、演唱、演奏、律动等多种“音乐的动觉实践”，提高自身的音乐表现水平。其中，律动、声势动作等“动觉实践”是中低年级学生非常喜欢的学习活动，不仅是音乐课堂的“兴奋剂”，更是欣赏音乐的有效手段。

其次，能联系生活实际，学生自主创编有法可依。心理学家让·皮亚杰（Jean Piaget）曾说，教师不应企图将知识硬塞给学生，而应该找到能引起学生兴趣、刺激学生的材料，然后让学生自己去解决问题。音乐课堂中的舞蹈具有参与性和普及性，动作不仅要简单易学，更要贴近学生生活。案例中的教师根据音乐《丰收之歌》音乐第一段的结构，设计了三个不同的情境，即“田野的早晨”“欢快地劳动”“丰收的喜悦”，让学生联系生活，根据自然万物、日常生活和劳动等经验进行舞蹈创编，化解了学生舞蹈创编和表演的畏难情绪。另外，教师对学生的模仿学习和自主创编也有明确的方法指导。学生根据教师提出的“表现情境”“表现歌词”“表现情绪”等不同方法，进行小组合作式的舞蹈创编与表演。课中，教师没有让学生进行机械的训练，而是为学生的创编活动提供方法、素材和指导性的帮助，这就是“授之以渔”的教学实践。这样，既培养了学生合作创编、组织协调和自我评价等能力，又让学生掌握和了解了多种艺术创编的方法。

最后，本课对舞蹈音乐的选择也很有讲究。这首《丰收之歌》篇幅比较长，不适合作为课堂舞蹈的配乐。教师在初步完成作品听赏后，截取了作品片段进行舞蹈创编和表演。这段音乐不仅篇幅短小、结构清晰、对比性强，而且节奏富有动感，非常适合舞蹈教学。在音乐教学中，教师应根据需要，把不同作品中的音乐片段进行剪切、重组。

案例 6：《歌声与微笑》教学片段

（在完成歌曲《歌声与微笑》教学之后）

（1）《歌声与微笑》手语视频赏析

让学生观看《歌声与微笑》手语视频，观察表演者的表情、姿势和动作等特点，并至少学会五个手语动作。

（2）演一演

①分句让学生回忆动作，教师进行补充、纠正、示范指导。

②找一个伙伴一起练习，遇到困难时相互帮助。

③你唱我演。

师：请两位同学上台，一位同学任意唱出其中的一句，另一位同学表演手语。（如果表演不好可以请其他同学帮助。）

④我唱我演。

让学生感受聋哑人对生活的那份热情，激励学生热爱生活、珍惜友情。

师：请大家跟着音乐边唱边表演手语，不仅要注意唱和手语表演的配合，还要注意表情、站立的姿态。

由全班表演到小组表演，表演结束及时进行评价（自评、他评、师评）。

（3）我是编导

①根据教师提供的舞蹈道具完成手绢花的自制。

②根据音乐《歌声与微笑》、舞蹈视频《开门红》和《好日子》等素材，利用课余时间以小组为单位构思、编排舞蹈《歌声与微笑》，有创新、有组织的小组可在平时表现中加分（小组成员每人加 2 分）。下节课进行编排和小组表演。

这是一个学习策略教学的案例。教师在歌曲教学中融入手语的学习，让学生通过演唱与手语的综合表演，表达热爱生活、珍惜友情的思想情感。本课的主要特点如下。

第一，自主学习开发学生多元智能。多元智能理论认为，人的智能是多元的，包括音乐智能、动觉智能、语言智能、人际智能和自我认知智能等。在歌曲教学结束后，教师先安排学生观看手语视频中的表演特点，要求学生至少学会五个手语动作。这一学习过程对学生的音乐、动觉和自我认知等智能的培养有重要作用，充分体现了自主学习的探究性和实践性。

第二，体现了音乐教学的综合性。这堂课以“热爱生活、珍惜友情”为主题，以歌唱、手语学习为主线，从演唱歌曲《歌声与微笑》，到学生自主学习手语表演，再到手语与演唱的结合表演，充分体现了音乐教学的综合性。手语的学习能让学生感受到残疾人积极向上的生活态度，更能让学生学会热爱生活，懂得珍惜友情。

第三，自主学习从课堂到课外。自主学习是本课的一大亮点，不仅体现在课内，更表现在对学生课外自主学习的指导上。教师向学生展示舞蹈道具手绢花，让学生课后利用身边的材料自制手绢花。同时，教师给学生提供了《开门红》《好日子》等舞蹈视频素材，让学生利用课余时间以小组为单位构思、编排舞蹈《歌声与微笑》，在下一节课进行编排和表演。这样，自主学习的阵地从课内延伸到了课外，给了学生更广阔的学习天地。同时，课外学习成果与平时学习评价挂钩，大大地提高了学生学习的积极性和创造性。

综合艺术表演教学，特别是儿童歌舞剧、音乐剧等由不同艺术项目组合的表演艺术，要求学生集歌唱、舞蹈、表演、朗诵等技能于一体，还涉及歌舞剧的自编自演、舞美、服饰等方方面面，对学生的综合素养有较高的要求。短暂的四十分钟音乐课，只够学生对微型歌舞剧进行简单的自编自演。如何结合课外的自主学习提高学生对音乐剧、歌舞剧的自编、自导和自演的能力水平，这是一个需要广大教师深入思考的问题。

第四节 “识读乐谱”学习策略

音乐课程内容的结构框架分为四大领域、十四个专题，识读乐谱专题属于表现领域。乐谱是记载音乐的符号，是学习音乐的基本工具。具有一定的识谱能力，有利于学生参与音乐欣赏、音乐表演和音乐创作等实践活动。

各个学段的具体内容：一、二年级学段，认识简单的节奏符号，能用声音、语言、身体动作表现简单的节奏，能用唱名模唱简单乐谱。三至六年级学段，结合所学歌曲认识音名、音符、休止符及一些常用的音乐记号，能跟琴声视唱简单乐谱，具有初步的识谱能力。

此外，识读乐谱要以音乐为载体，在学生感性积累和认知的基础上进行，可以让学生使用熟悉的歌曲或乐曲识读乐谱，也可以借助乐器演奏进行学习。由此，可以初步梳理义务教育阶段识读乐谱的一些基本线索。识读乐谱包括常用音乐记号的认识、节奏音符的认识与表现、唱名与音位的认识、唱名模唱、跟琴视唱、视谱视唱等内容。识读乐谱的目标是帮助学生在音乐听觉感知的基础上识读乐谱，在音乐实践活动中运用乐谱，从而促进学生综合音乐素质的提升。

对普通小学基础音乐教育来说，识读乐谱是必要的。虽然没有识谱能力的人也能唱歌、欣赏音乐，但能够识读乐谱的人一定会对音乐有更深刻的理解，识谱不是音乐教学的根本目的，但其在音乐学习中能起到辅助和工具的作用，可以帮助学生更好地学习音乐、感受音乐、表现音乐。因此，在基础教育阶段，识谱教学既不能进行大面积的、过于专业的讲授和枯燥机械的训练，也不能过于淡化，甚至错误地把识读乐谱与音乐审美对立起来，而要讲究方法策略，既要突出音乐学科的形象性、审美性特点，又要兼顾学生的心理特点和音乐认知水平。

一、策略概述

识读乐谱的基本策略主要有这样几类：随曲学谱的策略；听、视、唱结合的策略；分解学习的策略；变序学习的策略；动趣相伴的策略。

1. 随曲学谱的策略

随曲学谱就是随着乐句的前行、展开，在聆听和模唱的过程中顺势进行识谱教学。该策略把识谱与体验音乐结合起来，让学生在音乐的音响中，在感受音乐的基础上识谱，避免孤立地、机械地进行识谱教学。该策略适合比较简单的乐曲，以及只有一两个小节、较为复杂的乐句。

2. 听、视、唱结合的策略

识读乐谱是一个复杂的、多种感官协同作用的过程，至少包含三个心理过程：一是视觉反应的过程，即用眼识别乐谱（音符、节奏、记号等）的过程；二是听觉反应的过程，即从听觉的印象中“检索”相应的音高和节奏的过程；三是动作反应的过程，即指挥发声器官或其他动作器官进行唱或动的过程。

听、视、唱结合的策略主张要适当培养学生观察乐谱的能力（音级、音位、节奏、乐段的重复与变化等），更要培养学生的“听觉反应”。培养听觉反应的有效途径是“唱名音程感”的培养，通俗地讲就是连续唱名上升或下降的精确距离感。大量的、长期的“唱名模唱”和“唱名背唱”可以有效地培养学生的“唱名音程感”，从而使其建立敏锐的、准确的听觉反应，提升识谱乃至视唱的能力。

3. 分解学习的策略

分解学习就是把识谱分为两大关键：一是节奏的认读；二是音位的认知。视唱一句乐谱，先认读其节奏，再认识主要的音位。音位的认识可以采用匈牙利著名音乐教育家佐尔坦·柯达伊（Kodály Zoltán，以下简称“柯达伊”）认可的一种字母辅助方法，即在每一个音符上标上唱名字母，随着学生学习能力的逐渐提高而减少字母的标注量，最后整体合并识唱。该策略实际上是通过分解知识点降低识唱的难度，让学生更易获得成功，从而提高识谱的兴趣。

4. 变序学习的策略

变序学习就是根据实际情况（学生的识谱水平、乐谱的难易程度）灵活决定识谱的程序。教师可以先让学生学习歌曲再进行识谱教学，也可以先解决难点，再进行识谱，还可以将乐句的排列次序打乱，随机播放几节，让学生听辨后排序。

5. 动趣相伴的策略

动趣相伴的策略实际上是识谱教学的一种方向和原则，教师根据学生的心理特点将教材进行趣味化的加工，学生则根据自己的认知习惯进行选择性学习。例如：借助手势形象化地建立音高概念；借助图形谱、表格谱感知节奏和音高；借助游戏、律动，让学生在生动、活泼、有趣的实践活动中认识各种音乐记号，识读曲谱；借助音乐创编、多媒体读谱软件、器乐等形式，帮助学生识读乐谱。

二、问题透视

案例1：低年级唱歌课《乃呦乃》

教师主要通过三个环节教唱歌曲。

（1）在背景音乐《乃呦乃》的循环播放中，教师利用多媒体介绍土家族风情，学生在有意识聆听和无意识聆听的过程中接触并熟悉歌曲旋律。

（2）在《乃呦乃》的音乐伴奏下，教师示范土家族摆手舞的几个基本动作，学生模仿并在律动舞蹈中进一步聆听、感知歌曲旋律。

（3）经过大量的聆听，学生已经基本熟悉歌曲旋律，教师弹琴并示范，学生直接模唱歌词。

该案例具有一定的普遍性，在音乐课堂中较为常见。从聆听入手，让学生在大量的聆听中感知音乐、熟悉音乐进而学会歌曲，这是值得肯定的。但是，也许是因为教师对课程标准的认知理解不够全面，认为识谱教学就是枯燥的技能训练，是与新课程理念对立的，从而在教学中随意降低识谱要求，甚至回避、放弃识谱教学，忽视最基本的乐理和技能的训练。识谱教学这一重要板块，教师在应该体现的时候没有体现，长此以往将形成恶性循环，积重难返，不仅识读乐谱将成为一句空话，还将影响学生音乐素养的持续发展。

在本案例中，经过前两个环节的铺垫，学生已经熟悉了歌曲旋律，如果此时教师回到乐谱，顺势要求学生用唱名模唱歌谱，可以是一两个乐句，也可以根据学生反馈的情况再多模唱几句。这样的话，识读乐谱这一要求就得到了合适的、有效的落实，学生的“唱名音程感”也能得到逐步的培养。这种教学方式对学生的乐感和音乐的持续学习能力的提升大有裨益。

案例2：高年级唱歌课《金色的童年是一首歌》

在本课教学中，教师花了二十多分钟进行识读乐谱的训练。

教学过程：

（1）教师范唱歌谱。

（2）观察前四个乐句的谱面，找出节奏、旋律的异同。

（3）模唱前四个乐句，学习跳音记号、切分音。

（4）观察后四个乐句的谱面，找寻节奏、旋律的异同。

（5）完整演唱全曲。

本案例代表课堂识谱教学的另一个极端。教师把大量的时间和精力用于“读谱训练”，把“识读乐谱”这一音乐学习的手段当作目的，识谱教学缺少方法、枯燥单调、专业化倾向严重，对音符的认识抽象，且识谱与音乐活动脱节，学生难以保持持续的识谱兴趣。这样的教学既偏离了音乐学习的方向，又违背了学生的学习规律，课堂气氛沉闷，教学效率低下。

三、策略导引

（一）重视“唱名音程感”的培养

案例3：五年级唱歌课《踏雪寻梅》

（1）播放学生熟悉的《铃儿响叮当》，关注“叮叮当”铃声部分的音乐。

（2）播放《踏雪寻梅》歌曲中的铃声部分，并出示乐谱，顺势跟琴视唱曲谱。

聆听音乐、观察谱面、哼唱旋律、培养唱名音程感，识谱教学的几个关键点在本设计中得到了较好的结合，并且显得丰富多彩、趣味盎然。这一“组合拳”调动了学生的听觉、视觉，发展了学生的演唱发声能力、唱名音程感及对比辨别能力，看似平实，却由于因势利导，收到了聚焦音乐、推陈出新的效果。

（二）重视节奏体验和音位感知

识读乐谱涉及许多能力的发展，但重点还是节奏和旋律，而旋律的识唱尤以音位识别为难点，教师在教学中应充分认识到这一点，并应用有针对性的策略。

节奏是旋律的骨骼，是音乐的灵魂，更是音乐的脉搏。它是组成音乐的基本要素之一，任何音乐都离不开鲜明的节奏。学生在学习唱歌、舞蹈、器乐等活动时，首先要面对的就是节奏，因此节奏掌握得好坏，直接影响到音乐教学的成败。单调、乏味的节奏训练会抑制学生的兴趣，如果教师能够把枯燥的节奏训练变成让学生感兴趣的游戏，就能把被动的灌输式教学转变为学生的主动学习，既能培养学生的学习兴趣，又能提高课堂效率。把教学中的节奏难点逐步解决，可为学生更好地理解歌曲所表达的情感打下坚实的基础。在熟练掌握节奏的同时，还应培养学生的创造性思维，让学生从不同的角度温习所学的知识，让学生不仅能读节奏、记节奏，而且能够灵活运用节奏。

要培养学生的节奏感，首先要进行恒拍体验。学生恒拍感的建立是由外而内的，是从大肌肉的、明显的、鲜明的动作，到小肌肉的、相对隐蔽的、内敛的动作，直到内心的感受。教师带领学生体验恒拍时，重要的是不但要让学生从动作上感觉到，而且要能从声音上听得到，即使在歌谣或歌曲休止、停顿时，稳定的节拍也不应停止，使学生体验连续、均匀的节拍运动。不仅如此，恒拍的体验与建立要贯串学习音乐的始终，在整个小学阶段，教师都要重视这个问题。所以，在学生演唱、视唱、念打节奏之前，教师要给予恒拍的提示，平时要注意连续四分音符、八分音符的念打，这对培养学生的恒拍感是很有效果的。

教师首先要给出恒定的、完整的速度，要求学生按节奏、按教师的速度提示用手拍击。这条要求看似简单，但是单一类型的节奏不容易稳定而准确地掌握，学生的拍击容易越来越快。有这样一组练习：①学生按谱、按给定速度拍击；②给节奏加上节拍重音，要求学生手拍节奏，口读节奏重音，以此突出节拍重音，稳定和统一学生的节奏；③师生做节奏问答练习，教师拍、念两小节作为问句，学生跟着拍、念两小节作为答句，连续不断地重复；④学生手拍节奏，口读“砰踏踏踏”，在重拍时改为手拍桌子，进一步强调、突出重拍。

还可以进行下面几组节奏练习。

（1）节奏模仿游戏一

游戏规则：教师设计节奏短句，一般为四二拍的两小节。游戏开始，师生在同一速度中交替拍出设计好的节奏短句，时间延续越长，说明游戏越成功。

（2）节奏模仿游戏二

游戏规则：教师先拍两小节的节奏片段，在第三拍时学生开始模仿，同时教师拍出下一片段。这要求学生在拍出第一片段的同时记住第二片段，以便接着模仿。如此不断延续，时间越长，说明游戏越成功。

（三）节奏难点化简

在歌曲中，常常出现较难的节奏，让学生难以把握，从而影响歌曲演唱的准确性，如“切分节奏”“附点节奏”“前八后十六节奏”“前十六后八节奏”等。在教学中，教师可先将其转化为常用的简单节奏，再一步步过渡到原节奏，让学生在不知不觉中掌握难节奏。所以说，有效调动学生的已有经验，合理地处理、改编教材是很有必要、很有效果的。节奏的训练要根据学情精编教学内容，每节课的训练时间不宜过长。

对于线谱音符音位的识记，教师则可以按照学生自然的认知规律和从音乐的母语（民歌）学起的原则，先采用五声音阶教学法，从少数音级开始，逐渐增加五声音阶的音级数目。开始时应采用无谱号、无调号、无拍号的“五线谱”形式，避免使用上下加线。

关于音位的识别，匈牙利的读谱教学也许可以给我们一些借鉴。字母谱作为五线谱学习的辅助手段是贯串匈牙利读谱教学过程始终的。

字母谱的标记类似简谱，但使用的是唱名的辅音字头，即d、r、m、f、s、l、t（为避免第Ⅴ级音和第Ⅶ级音使用相同的辅音字头，第Ⅶ级音发音改为“ti”）。字母谱只标记唱名，不表示节奏，表示高八度音级时在字母右上角加一短撇，表示低八度音级时在右下角加一短撇。

字母谱对初学读谱者能起到辅助和过渡的作用。柯达伊编写的《匈牙利民间音乐中的五声音阶》，使用的是结合节奏的字母谱，他的《柯达伊333首读谱练习》中一半是字母谱、一半是五线谱。

字母谱对学生训练听觉、掌握音级之间的关系、建立调式音阶概念有辅助作用，如可以利用字母谱的竖写，帮助学生理解音级的顺序关系，掌握音准。教学时，教师即兴指字母谱，学生模唱，在初学阶段不受五线谱读谱技能的限制，可以把注意力集中到音乐记忆和内心听觉上。之后从字母谱逐渐过渡到字母标注的五线谱，让学生尽快建立字母与音位的对应关系，最后学习标准的五线谱。

案例4：《柯达伊333首读谱练习》第261首

（1）出示标注字母的作品。

（2）全体学生跟琴模唱唱名，第一小节出声唱，第二小节内心默唱，既练习了内心听觉，又具有变化。

（3）让学生尝试把歌曲从后向前反方向地歌唱，因为这首练习曲从主音开始，节奏也简单，所以可以尝试做逆行的练习，游戏的方式更能活跃学习的氛围。

（4）教师把原有调号擦掉，改为一个降调号，学生讨论用字母标注唱名。

（5）按照一个降调号的标准，此曲变为小调风格，对半音单独进行训练，再整曲哼唱，体会调性的变化。

本练习曲可根据学生基础，在一课时、两课时甚至三课时内完成。这样的课程设计不仅能通过字母标注发展学生的音位认识能力，巩固音位唱名的对立关系，更重要的是能通过灵活多样的形式，发展学生的“唱名音程感”

和“同主音调式转换”的能力。

（四）通过音乐活动，传授读谱知识，提高识谱能力

学习乐谱要有正确的理解和途径，乐谱的学习不应是为了学谱而学谱，单纯以学谱为目的，把读谱变成枯燥的计算和乏味的操练是很难获得成功的。如果将乐谱中的各种要素按照一种逻辑上的顺序进行教学，如线、间、音符，音符的长短、位置，调号、拍号、其他符号，是难以让学生感受音乐的美感的。比较有效的做法是从实际的音乐和实践出发，把乐谱看作表示通过歌唱、听觉、运动体验过的各种要素的一个符号体系，进一步体会和了解它们是怎样表现在乐谱里面的，并且在学生的理解力、运用力逐步得到发展的时候向更高的目标迈进。这样，学生对乐谱的掌握能力就能逐渐和他对音乐的理解及不断增长的音乐经验一起发展了。因此，除了上述多种器官联动和分解训练节奏、音位的策略，将读谱知识趣味化、情景化、形象化、律动化、游戏化是活动组织最基本的策略取向。

1. 以兴趣激发为基点

乐谱是记载音乐的符号，是学习音乐的基本工具。具有一定的识谱能力，有利于学生进行音乐表演和创造等教学活动，有利于学生在听赏音乐的过程中更好地把握音乐主题，理解、体验和享受音乐的美妙。在教学过程中我们发现，现行的苏教版音乐教材中编排的识读乐谱的知识太过集中于三、四年级，学生学起来比较吃力，如果把一些识谱知识与低年级的教学内容有机结合，经过两年时间的学习，学生进入中年级以后，识谱的能力将会大大提高，这也更有利于教师和学生开展各种音乐活动和音乐创造。低年级的学生活泼好动，注意力集中时间短暂，因此可以适当降低识谱难度。教师应通过丰富多彩的趣味性活动、游戏、表演等，提高学生的识谱能力，变“要我学”为“我要学”，从而使那种单纯的、独立的、缺少审美的识谱训练变成生动活泼的音乐课的有机组成部分。

案例 5：《请你唱个歌吧》小学音乐

这是由谷诃创作的一首歌曲。它欢快、活泼，一段体，四三拍，歌词浅

显易懂，旋律轻快流畅，营造了一种人与鸟亲切对话的情境，饶有情趣。歌中两处出现小杜鹃的叫声，以声模声，表达了对杜鹃的喜爱，对春天到来的喜悦之情。跳音记号运用细腻恰当，使歌曲具有丰富的表现力。

结合课程标准的要求和本课的特点，教师设定的教学目标有以下几个方面。①知识目标。学生能够用欢快的情绪、富有弹性的声音演唱歌曲，并能体会三拍子的韵律和节奏特点。②能力目标。学生能够对教师的指挥动作做出正确的反应。通过律动、游戏、表演等形式自由发挥想象，创造性地参与音乐活动。③情感目标。学生能够在美好的歌声中获得和表达丰富的情感体验。

教师把教学难点放在引导学生发现歌曲后两个乐句中的旋律区别、跳音和一字多音的处理上。

在聆听歌曲后，教师首先启发学生："小杜鹃的歌声是怎样的？"让学生找出歌曲中小杜鹃的歌声"咕咕"，然后进行比较，用形象的比喻、有趣的联想一步步让学生体会音的高低区别。

"第一句的'咕咕'的音符靠得很近，看，第四间的高音 do 我们已经学过了，比它爬得还高一格的这个音符是我们今天新学的一个音符。大家猜猜看，它唱什么？"随后教师弹琴，让学生感受这个音符的高度，学生纷纷举手，异口同声道："高音 re！""真聪明！"教师夸奖道，随后又说："是呀，第一句的'咕咕'的音符靠得真近，就像小杜鹃站在高高的树枝上唱歌。"随即教师唱曲谱，双手合拢在嘴边做鸟叫动作表演歌声。学生立刻模仿起来，可高音 re 学生一时找不到音高，唱得低了点，教师就鼓励学生想办法，启发学生在唱高音时把眉毛抬高了唱，他们一下子就唱准了，而且表演得眉飞色舞。

第二句"咕咕"的音符离得较远，在教师的启发下，学生说："这里的两个音符是从第四线上的高音 re 降到了第二线的中音 sol，好像小杜鹃从高高的树枝上飞下来了！"教师说："是呀，你的想象力真丰富！谁来表演小杜鹃飞下来的情景呢？"学生们乐呵呵地手舞足蹈起来，教师说："表演的动作要完美地体现音符的高低变化！"有的小朋友就提出高音 re 双手聚拢在嘴边，中音 sol 双手聚拢在胸前。通过形象的表演，学生不仅自主感受到了音的高低区别，而且快乐无比，个个像快乐、活泼的小杜鹃。

在教学跳音记号时，教师这样启发：“这只小杜鹃在枝头自由自在地飞上飞下，唱着动听的歌，是那么机灵、可爱！为了更好地体现小杜鹃的特点，我们看它的歌声的音符上面有个小点，这个叫跳音记号，它要求我们演唱时声音要跳跃，时值要短促。”为感觉跳音特点，教师让学生感受拍皮球时皮球的弹跳特点，然后让学生一边模拟拍皮球，一边唱歌，随后启发学生想象用怎样的嗓音可以唱好跳音。有的说：“要像拍皮球，跳得有弹性！”有的说：“要唱得干脆利索，像吃薯片、生黄瓜的感觉，很爽！”学生的兴致又一次被激发了起来，最后教师让学生一边表演唱“咕咕”，一边在座位上轻轻弹跳……在欢笑声中，学生不仅掌握了跳音的知识，更准确地把握了歌曲的欢快情绪。教师自然地接过话题：“小杜鹃的歌声真是美妙，这歌声传得很远，传到了我们的耳中，使我们陶醉了，加上陶醉的表情唱一唱后半句。把‘歌’字唱得长一点，就如同小杜鹃的歌声。”接着教师在“歌”字后出示“e”，让学生自然延长“歌”的音，学生自然而然地唱准了节奏。

为了让学生尽快地把握这两个重点乐句的音高和旋律走向，教师先让学生进行对照、比较，并开展音符的接龙游戏。教师唱每行第三小节的音符，学生唱其余小节，这一方面降低了学生识谱的难度，另一方面维持了学生唱谱的积极性。

学生完整演唱后两句歌词后，教师又这样启发：“小杜鹃的歌声让我们心情如何？”“快乐无比！”他们异口同声道。“所以小朋友们才会对他说：‘小杜鹃，小杜鹃，我们请你唱个歌。快来呀，大家来呀，我们静听你的歌。’”学生在教师指导下有感情地读这两句歌词，再进行学习。在教学中，教师启发学生找到旋律重复的乐句，学生演唱起来就变得格外轻松了，效率提高了不少。最后，教师再指导学生用欢快的情绪、富有弹性的声音完整表演歌曲。在欢快的音乐中，教师和学生翩翩起舞，其乐融融。

《请你唱个歌吧》是一堂低年级的唱歌教学课中的内容。教师根据低年级音乐教学的特点，从学生的实际情况出发，结合学生的身心特点组织教学。教师特别重视音乐课的音乐性，在动听的音乐中，在学生的丰富想象中展开识谱教学，逐步培养了学生对音符的敏感度，提高了学生对音乐的感受力、理解力和表现力，为他们全面提升音乐素质奠定了扎实的基础。本案例鲜明地体现了以下几个特点。

（1）乐谱、旋律、歌词紧密结合

演唱歌曲环节，教师根据低年级学生的身心特点和已掌握的乐理知识，将乐谱及旋律与歌词教学紧密结合，使技能训练渗透艺术感受，贯串音乐实践。让学生通过模仿、想象、体验和感受，在活动中不断地接受和内化新的知识，并从中获得乐趣和成功感。比如，“咕咕”的音高区别，学生将其想象成小杜鹃在高低不同的枝头上歌唱，通过表演动作完美地感受了音符的高低音变化，不知不觉地攻克了这个难点。又如，跳音的演唱技巧，学生在对拍皮球时，皮球的弹跳特点和他们爱吃的脆甜食品的口感的感受中，以及演唱时轻轻弹跳臀部的欢笑声中掌握了此知识，同时更准确地把握了歌曲的欢快情绪。再如，在一字多音的教学中，教师让学生想象小杜鹃优美的歌声，并在“歌”字后出示“e”，使学生自然地延长“歌”的音，唱准节奏。此外，教师还指导学生随音符的高低起伏，手画旋律线来演唱乐谱、歌词，领悟区别……所有这些都是为了让每一个学生主动参与教学环节，使学生在实践中享受成功的快乐，变被动学习为主动学习。

（2）表演、游戏、识谱相辅相成

音乐课中的表演集思想性和趣味性、音乐性和舞蹈性于一体，是最简易的音乐和舞蹈的综合艺术形式，也是低年级学生最容易接受的一种表现方式。它把无形的声音同无声的形态动作结合在一起，能充分调动学生的积极性，也有利于他们音乐素养的提高。教师根据歌词内容、曲谱特点，设计优美而又能确切表达歌曲情感的表演动作，不仅能帮助学生理解和记忆歌词，使学生感受旋律的特点，掌握乐谱的知识，而且能使演唱更富有情趣、乐趣。例如，学习新音“高音 re”时，教师启发学生思考比第四间的高音 do 爬得还高一格的音符唱什么，随后教师弹琴，让学生感受这个音符的高度。教师进行了积极的评价后，再启发学生想象小杜鹃站在高高的树枝上唱歌的情景，用双手合拢在嘴边做鸟叫动作，演唱音符，表演歌声。当学生一时找不到高音 re 的音高时，教师就鼓励学生想办法，启发学生在唱高音时把眉毛抬高了唱，他们一下子就唱准了。学生满脸的笑容映衬出他们内心的喜悦、自豪之情。游戏在低年级的音乐课堂上也有无可比拟的魅力，它能让学生在轻松愉悦的氛围下主动掌握知识。比如，为了让学生尽快把握两个重点乐句的音高和旋律走向，教师开展音符的接龙游戏，降低了学谱难度，激发了学谱热情。

（3）启发、鼓励、想象多管齐下

在传统的乐谱教学中，不少教师经常说这样的话：“这个音符我们学过了，你怎么还不知道？”“听你唱的音，一个都不准！”“怎么搞的，学了这么久的曲谱，连起来唱一下都不行！”这样的评价会让学生无地自容，失去学习乐谱的信心和动力。因此，在平时的唱歌教学中，特别是在低年级的识谱教学中，教师应努力放大学生的优点，常常用赞赏的语言激励学生，就像不断地给学生糖果，让他们的心里美滋滋的。比如，当学生能自主认识高音 re 时，教师说：“真聪明！”当学生在演唱该高音过程中遇到困难而过不去时，教师启发说：“没关系，慢慢来，想办法，相信自己一定能行！”当学生在教师的鼓励下终于唱准时，教师向他们竖起大拇指说：“太棒了！”这一句句赞赏的话语温暖了学生幼小的心灵，使他们体会到了教师浓浓的关爱。同时，教师的启发、鼓励、赞美也能不断激发学生丰富的想象力。本堂课上，学生的想象丰富多彩，智慧的火花不停地闪耀，课堂气氛热烈活泼，这不仅能激发学生识谱的兴趣，更能培养学生坚持不懈的毅力和克服困难的勇气。

（4）情趣、乐趣、兴趣，趣味多多

在充满趣味的课堂上，学生的乐趣、兴趣自然能不断地激发、保持、升华。本堂课上教师的一言一行都围绕着“趣”“乐”做文章，学生兴致勃勃地主动完成各种教学任务，一切都水到渠成。总之，低年级的识谱教学也要充分体现新课改的教学理念，以音乐审美为核心，以兴趣爱好为动力，面向全体学生，注重个性发展，重视音乐实践，鼓励音乐创造。本堂课中，教者采用了新颖多样的教学方法和教学手段，紧紧围绕“‘趣’中学谱，‘乐’中唱谱”

的八字秘诀，将乐谱、旋律与歌词紧密结合，表演、游戏与识谱相辅相成，让启发、鼓励与想象多管齐下，使情趣、乐趣与兴趣融合，趣味多多，自始至终学生都在一种宽松愉悦、充满美感的氛围里学习音乐，享受音乐。教师教得轻松，学生学得愉快，营造了快乐、和谐、互动、探究、创新的良好学习情境和氛围。

2. 以情境创设为重点

创设与音乐识谱学习相符的教学情境，有助于学生理解音乐情绪，提高学习兴趣。教师将识谱教学融入情境教学，可以帮助学生在生动逼真的情境中掌握原本枯燥乏味的音乐理论知识。

案例 6：土家族儿歌《乃呦乃》

师：介绍给大家认识三个快乐的小音符宝宝，她们分别叫“do 宝宝”“mi 宝宝”“sol 宝宝”，大家跟着我轻声地邀请她们出来吧！

（教师指导学生三个音符如何发音，让学生模仿教师的口型。在对口型时，教师分别在钢琴上弹出三个音的音高，并带领大家和着琴声正确地演唱。）

师：老师要来考考大家的小耳朵，请同学们闭上双眼，想象三个宝宝站成一排的样子，让我们试着从琴声的高低来说一说三个小宝宝的个子。老师弹奏三遍，请你们仔细听一听，想一想，谁的个子最矮，谁在中间，谁的个子最高。可以用手来比画一下你们心中的高度吗？

（在弹奏一遍过后，就有学生争先恐后地比画三个音的高度了，教师再用柯尔文手势比画三个音的高低位置。）

师：同学们听得真仔细啊，那大家一起来做个小游戏吧，叫“猜猜我是谁”。你们能猜出我依次弹的是哪个音符小宝宝吗？

师：大家都猜对了，老师佩服你们灵敏的小耳朵。（用多媒体播放掌声，以示鼓励。）那同学们，你们知道三个音符小宝宝都住在哪里吗？

（教师引入五线谱，通过口诀帮助学生记忆三个音符的位置：下加一线来敲门 do、do、do，第一线上小猫叫 mi、mi、mi，第二线上把话说 sol、sol、sol。）

师：那我们用这三个音符按老师给出的节奏来谱写一支动听的歌吧！

（教师先编了一首，学生也发挥想象积极地参与其中，教师选择编得好听的旋律，放在投影仪上，学生看到自己的作品，都非常开心。）

师：大家用刚才我们学习的三个音高的手势配上大屏幕上你们谱写的歌曲，创编一套韵律操吧，并将它们轻轻地唱出来。

（学生跟着钢琴唱哪个音，就对照着那个音做对应的动作，即柯尔文手势。待练习熟练后，学生跟着钢琴的音乐边唱边跳自创的韵律操。）

三年级开始学谱，对于这些抽象的音乐知识，学生需要循序渐进地了解、认识。因此，在识谱教学过程中，教师采用了情境教学法，营造了认识音符宝宝的故事情境，符合三年级学生的心理特点。《义务教育音乐课程标准（2011 年版）》要求三年级学生能够利用教师或教材提供的材料创作二小节至四小节旋律。案例中，教师运用多媒体辅助教学提高了学生的学习兴趣，并穿插了听辨音高、编创乐谱、视唱歌谱、律动等情境游戏，减少了学习音符音高、唱名的陌生感，让他们在故事情境中快乐地、循序渐进地唱准音高，熟悉唱名，为今后的识谱学习打下了良好的基础。

案例 7：

乐曲中的节奏和力度就像人的脉搏，能给歌曲带来不一样的性格特点。节奏、力度的学习也是音乐识谱教学中必要的训练环节。在教学过程中，教师可以通过创设情境帮助学生注意节奏的重复这一音乐要素，品味歌曲的韵律。比如，在教授歌曲《顽皮的小杜鹃》时，教师就用了此方法。（在学生基本熟悉歌曲旋律，哼唱第一遍旋律后。）

师：我们再来哼唱一下旋律，边唱、边想、边找歌曲共有几个乐句。

师：这位同学找得非常准确，歌曲共有六个乐句。下面，老师请六个同学上来，按顺序唱六个乐句，其他同学找出旋律相同的乐句。

（教师弹琴，六个学生唱，其他学生找相似旋律。）

师：找出来了吗？谁来说说看！

（根据回答，适当地予以表扬，并点击多媒体课件——色彩乐句。）

师：同学们听得真细心。这样的写作手法叫作重复，老师用相同的颜色表示相同的乐句，歌曲看上去就一目了然了。

（教师带领学生再次哼唱旋律。）

师：这只小杜鹃非常顽皮，它时常在我们不经意间窜出来！老师这儿有一张节奏卡，你们看看这只顽皮的小杜鹃是在第几拍上飞出来的。（解决弱起小节问题）（出示节奏卡：0 0 0 X X | X X X X | X X X 0‖。）

师：噢，这只小杜鹃是在第四拍上飞出来的。我们知道四四拍的强弱特点是强、弱、次强、弱，第四拍为弱拍，在音乐中，我们把它称为“弱起小节”。（多媒体屏幕上打出“弱起小节”。）

师：大家一起跟老师来读一读。（用“咕”填入节奏。）

师：我们把第一句歌词填进去读一读，读时注意强弱。

师：你们听老师再读几句，看看会发现什么。（教师读，学生听。）

师：你们发现什么了？谁来说说！

生：节奏是一样的！

师：我们发现这样一种节奏型贯串歌曲。（多媒体屏幕上打出“节奏型”。）好，我们把第一段歌词完整地读一遍！

教师可以通过多种艺术手段激发学生学习的积极性，给学生一种情感体验。在案例中，教师创设情境，以生动的言语引领学生走进小杜鹃的世界，并采用模仿杜鹃鸟叫等活动引导学生学习乐曲的节奏和力度，让学生自己发现节奏、力度的特点，培养学生的兴趣和独立性。当让学生对问题做出回应时，教师则给予他们正确、公正的评价。一个赞许的眼神，一句夸奖的话语，这些对学生来说都是鼓励和欣赏的表现。

第六章　基于小学音乐视角的学生有效学习与教师学科教学能力提高

第一节　学生有效学习与教师课堂教学实施能力提高

教师课堂教学实施能力在教师能力结构中处于核心地位，关系着课堂教学活动的正常有序开展，涉及学生各方面能力的发展。可以说，教师课堂教学实施能力的高低是课堂上学生能否有效学习的关键。根据学生有效学习的需求，本节主要讨论教师以下几方面能力，即课堂提问和倾听能力、课堂的管理和调控能力、学习情境的创设能力、课堂讲授能力。

一、提高课堂提问和倾听能力

（一）理论导航

要实现高效的音乐课堂，必须实现有效提问和有效倾听。而要实现有效提问和有效倾听，可以从“教师的有效提问和师生的相互倾听”入手，达成课堂教学中师生的积极互动与交流，从而逐步实现有效教学并构建高效课堂。

有效提问是课堂教学中师生“有效对话”的前提，它不是教师的“话语霸权”，更不是教师在课堂教学中的“单向对话”，而是基于课堂教学中的某一问题或某一情境，师生间自然、民主、平等、和谐的交流。课堂教学中的“倾听”是一种对话，是师生的双向活动。“倾听”是指以积极的情意和态度认真细心地听取，是借助多种感官接收言语信息，进而通过思维活动达到认知、理解、领悟的过程。真正有效的提问少不了“倾听”，也就是说，有效提问和“倾听”是相互的。

著名教育学家陶行知先生有一句至理名言："发明千千万，起点是一问。禽兽不如人，过在不会问。智者问得巧，愚者问得笨。"可见，课堂上教师问题设计和课堂提问方式的有效性，是影响教学有效性的重要因素，它直接影响学生的倾听与思考。事实上，在课堂上经常可以看到教师设计和提出的问题因为缺乏一定的探究性，不能很好地引发学生积极的思维，不能引导学生进一步关注音乐本身，从而发展学生的健康及个性审美情趣。长此以往，此类缺乏思考价值、单一、简单化的提问所能产生的效果就是使学生丧失主动思考的能力，丧失个性化的音乐体验，丧失认真倾听音乐的能力。在歌唱教学中，每学一首新歌，都有初听范唱、感受歌曲这一环节，学生听后教师必然要提问，但有很多教师的提问方式几乎已经格式化，例如："这首歌曲好不好听呀？""同学们你们想不想学呢？""你们喜欢吗？"还有的教师在课堂上经常重复同一个问题甚至重复学生的回答，且总是选择同一部分学生回答问题。

音乐是听觉艺术，听觉体验是学习音乐的基础。发展学生的音乐听觉应贯串音乐教学的全部活动。低年级学生的知识面不够宽，在欣赏乐曲时，教师完全可以通过有效提问（例如：同学们，今天老师给大家带来了一首乐曲，让我们一起来聆听，请竖起你的小耳朵。你能听到什么声音？乐曲表现了什么情绪？你能根据乐曲表现的情绪用动作来表现一下吗？）让学生集中注意力倾听，帮助学生了解乐曲的表现内容，了解乐曲的段落、结构。

"施教之功，贵在引导。"课堂提问是诱发学生思维，点拨学生思路，引导他们获得新知识的关键。这就要求教师的课堂提问能切中要害，设疑于关键处。教师的提问是为了帮助和促进学生学习以实现教学目标，所以教师要有目的、有计划、有层次地精心设计问题，进一步激疑、导疑、释疑，引导学生分析、思考、探究问题。小学音乐课堂中，教师要针对学生的年龄、心理、兴趣爱好和实际能力水平，在课堂提问方面力求"问得活，问得具体、新颖"。同样一个问题，如果变换一下提问的角度和发问的方式，就有可能变得别开生面、新鲜有趣，就可以有计划、有针对性、有创造性地引导学生主动参与探究，从而促使学生不断提出问题、解决问题。

在有效提问的基础上，课堂教学还离不开师生间的相互倾听。通过倾听教师的提问、讲授，学生能迅速解决认识上的疑惑。通过倾听学生的回答和语言描述，教师能更准确地判断学生对问题理解的深度及遇到的困难，从而判断哪些内容需要重点强调、重点解决。同时，倾听也是人际交往中互相尊重的表现，善于倾听，能使师生、生生之间的感情更加融洽，能营造更加和谐、高效的课堂氛围，从而提高教学实效性。

因此，基于学生有效学习和自我发展的目的，教师必须努力提高课堂提问和倾听的能力，这有助于音乐课堂教学活动的有效开展和不断深入。

（二）实践引领

1. 明确问和听的目的，努力提高学生学习的有效性

课堂中的提问必须有的放矢。提问是教师了解、掌握学生学习情况必不可少的方法和手段，它应服从教学目标、教学内容和教学活动的需要。提问的目的不明确，好比箭头失去了方向，也就失去了它应有的价值。同样，教师的倾听也很重要，目的性也很强。教师有目的地倾听，可从学生的回答或学习行为中感知他们知识技能的掌握程度，感知他们的参与积极性，感知知识的概念是清晰还是模糊，感知他们有无创意的想法，等等。有明确目的的提问和倾听，有助于教师及时研判学情，及时调整或采用新的更适合学生学习的策略，帮助学生完成学习任务，实现学习目标。

2. 把握问和听的情趣，与学生有效互动交流

若教学的内容和方式富有情趣，学生在学习中就能较好地集中注意力，借助良好的语言材料更好地感知、记忆、思考和想象，从而更有效地获得知识与技能。教师的问题设计如果富有意趣、吸引力，就容易激起学生倾听的兴趣和思考的积极性，让学生充分体验思索过程的趣味，提高答问和参与的质量。教师实时关注、倾听学生的回应，并迅速做出合适的引导，也有利于师生展开积极互动与交流，有利于课堂教学节奏的顺利推进，有利于教师根据学情反应及时调整和提出新的问题，从而生成更好的学与教的效果。

3. 提高问和听的技巧，引导学生有深度地学习

教师课堂提问与倾听能力的提高，对学生的深度有效学习有着举足轻重的作用。教师在倾听、观察学生即时学习情况的基础上，予以适时、巧妙、有度的提问和点拨，能进一步提高课堂教学的效益，把学生的学习活动不断引入更深层次。为求得整体性学习效果的提升，教师在提问时要照顾到全体学生，更要遵循学生的认知特点，以倾听为基点，由浅入深地提问，做到因材施“问”、因材施“听”，引导学生有梯度地学习。

在教学实践中，课堂提问必须有一定的适合学生智力水平和思维能力的难度，这样才能激发学生的求知欲望，才能充分调动学生的积极性，刺激其思维触角。与此同时，有效的倾听能将学生对提问的回应转化为教学资源。在这种有效的教学环境中，学生成为重要的课程资源，而不是简单的接受者。学生的回答应该成为教师进一步追问、引导的起点和阶梯。真正的有效教学意味着教师善于“倾听”学生的声音，开发并转化学生的观点，引发更复杂的回答，从而自然而然地激励学生积极参与课堂活动。

二、提高课堂的管理和调控能力

（一）理论导航

有效的课堂管理、调控能力，是把握课堂教学管理的法宝，是达成教学目标的基石。教师对课堂的管理和调控能力直接影响着每一节课的质量。课堂的管理、调控是一种综合能力，需要教师灵活、恰当地运用各种教学技巧。善于组织教学的教师，在课堂上能根据教学规律和学生的心理特点，恰当运用各种教学手段，对教学内容做出合理安排，并运用无意注意和有意注意相互转换或交替的规律，使教学内容具有趣味性和新颖性，让课堂节奏变得有张有弛，让学生兴趣盎然。

音乐课堂管理工作与其他学科相比较难开展，它不是简单而单一的课堂纪律管理，而由课堂教学内容设计、课堂教学内容、教师教态、教学环境及教师管理技巧等众多因素构成。音乐学科教学的特殊性，往往会使学生产生

错觉，学生不能充分重视音乐课堂和音乐内容的学习。这样的状况如果不加以合理控制，或者处理不当，极有可能产生不好的连锁反应，不仅会使教师自身情绪低落，深感教学的失败，同时会使学生丧失学习的兴趣，导致教学质量大打折扣。一线音乐教师必须通过一系列有针对性的策略，改善课堂管理、调控的技巧，优化音乐课堂管理，达成教与学的目标。

很多教师可能都遇见过以下情况：①上课铃声响后，学生一窝蜂挤进音乐教室，进教室后没有立即坐好，还大声喧哗。②音乐课上，教师正在弹奏钢琴，大部分学生唱着歌曲，可有些学生交头接耳，做滑稽表演，口出怪调，更有甚者还打闹、嬉戏。③有些学生精神不集中，自己不学，反而总爱看着身边其他同学的表现，尤其是低年级学生，教师教得正有兴致的时候，经常被一些“爱管闲事”的学生打断，如“老师，某某把书撕掉了”“某某在和某某说话”。没有规矩，不成方圆。音乐课堂也必须注重课堂常规的管理。

陶行知先生说：“教育学生，应该严格的地方便当严格。”教师对音乐课堂常规加强管理，对学生严格要求，要注意连贯性和长期性，不能只求一时严格，因为好的常规的建立必然是一个长期督促、强化的过程。教师应让学生在长时间的规范中形成一种“教育惯性”，使学生走进音乐课堂便能自觉约束自己。

当音乐教师接受一个新的班级，上第一节音乐课时，就应指导学生用音乐的形式规范课堂行为。例如：教师在钢琴上弹出一组欢快的节奏时，学生就应迅速安静坐好；听到音阶上行应该站起来，听到音阶下行的时候可以坐下；等等。此外，还要强调遵守音乐课堂中的行为规范，让学生明白什么能做，什么不能做。例如，歌唱时，学生应该全神贯注，身体坐正，头放平，不能交头接耳，不能在间奏时说话或做小动作，影响第二段的歌唱。课堂规范或要求应简洁实用，并在长期的教学实践中坚持实施，才能在潜移默化中使学生形成良好的课堂学习习惯。

好的课堂还需要教师有较强的调控能力。在教学过程中，教师要使学生的主体地位得到充分的体现，要给学生足够的自主学习的空间。这样可以使学生的想象力、创造力得到充分发挥，也能极大调动学生学习的积极性和主动性。然而在实践中，经常出现学生自主性过度的现象。在音乐课程实施中，建立民主、开放、平等、互动的师生关系与教学关系是极其重要的，但是学生对音乐的学习必须在教师的指导下才能有效进行，因此教师在课堂上的管理和调控能力非常重要。

教学中，教师作为组织者和引导者，如果能敏锐地发现教学中出现的纪律、秩序、情感、演唱、演奏等各方面的问题，及时、适时地加强检查、审视、反馈和调节，注意教师外向调控与学生自主调控的有效结合，展现自己的教学智慧和专业素养，就一定能不断改善学生的学习效果，也就是能很好地履行引导者角色的职责。

（二）实践引领

1. 关注课堂动态生成性目标，有效进行双向调控

在传统的教学设计中，教师考虑最多的是预期的教学结果，很少注意学生学习的生成性目标。教师完成教学任务，也往往以教案为依据，整个教学过程就是按部就班地操作教案。这样，学习活动受到制约，学生个性难以张扬，在课堂上缺少探索的冲动和创造的热情。课堂学习目标是动态的、发展的和不断生成的。它要求教师充分发挥教学智慧，适度发挥学生自我调控的作用，积极实现非预设的学习目标，取得意料之外的学习成效。学生学的过程归根结底是学生的认识发展过程，教师要及时了解学生的学习状态，注意效果检测，及时反馈、处理并发出控制信息，以便及时调整措施，更高质量地达成学习目标。课堂教学并不完全是机械地按照预先设定的思路进行的教学，因为在此过程中有许多动态生成的东西是不可预知的。

2. 合理调整学习内容与环节，有效控制学习进程

在音乐课中，生动活泼的音乐欣赏、表现和创造活动，能够激活学生的表现欲望和创造冲动，使学生在主动参与中展现他们的个性和创造才能，使他们的想象力和创造性思维得到充分发挥。

3. 适时调整课堂管理与教学方法，及时应变，促进学习

教育的技巧并不在于能预见课的所有细节，而在于根据当时的具体情况，巧妙地在学生不知不觉中做出相应的变动。管理思维与教学方法的及时改变，能体现教师一定的临时应变能力。换言之，教师只有提升且具备一定的临时应变能力，才可能做出机智、巧妙的教学方法、内容、手段、策略等方面的合理性改变，从而促进学生有效学习。

音乐教学要体现对生命存在及其发展的整体关怀。在课堂上，学生经常提出一些意想不到的问题，需要教师灵活机智地回答；常常出现各种意想不到的情况并引起混乱、喧哗，需要教师快速而冷静地妥善处理；常常出现一些难以应付的干扰，需要教师以尽可能小的代价迅速摆脱。课堂教学的顺利进行，关键在于教师的合理调控，而这种调控完全依赖教师对教学的敏感程度和对学生提出问题的感受能力。所以，教师在课堂上要高屋建瓴、运筹帷幄，心中始终牢记目标，同时要灵活机动、随机应变，目光始终锁定学生，对学生进行调控、引导，适时生成新的教学方案。

三、提高学习情境的创设能力

（一）理论导航

学习情境是指具有一定情感氛围的以学生为主体的学习活动。此处的“境”是指促进学生学习的环境，“情”是指洋溢在“境”中的以学生为主的情感体验。为了激发学生的思维，必须有一个实际的经验情境，作为思维的开始阶段。课堂教学是引领学生走向智慧的主阵地，越来越多的教师认识到，为学生创设一个集听、视、感、触于一体的情境，对激发学生的学习兴趣、培养音乐情感有着非常重要的作用。

在音乐教学中，创设有效的学习情境能充分调动学生学习的主动性和积极性，更是帮助学生感受与欣赏、表现、创造音乐的有效方式。创设良好的情境，用学生喜闻乐见的方式表现音乐内容，可以激发学生学习音乐的兴趣，充分调动学生学习的积极性和主动性，诱导学生积极思维，使其产生内在的

学习动机，并主动参与音乐教学活动。在追求音乐课堂有效、实效、高效的今天，教师应该对学习情境的创设认真思考，从而提高在课堂上为学生创设学习情境的能力，使情境教学真正成为促进学生有效学习的最佳环境。

人们常说，兴趣是最好的老师。兴趣是打开学生心灵的钥匙。情境的创设，正是激发兴趣、变兴趣为动力的良好手段。在音乐课中，教师如果能用生动的形式将所要教学的知识与技能联系起来，营造轻松的氛围，创设富有情趣的音乐情境，就会激发学生的兴趣并使其带着浓郁的求知欲沉浸于课堂学习。

教师要充分认识情境创设在教学中的作用，也要防止情境教学上的偏差，力求用最恰当的情境取得最有效的教学效果。音乐课程的综合必须是以音乐学习为本的综合，也就是说，音乐课要突出自身学科的特点。情境只有在为教学服务的时候才能称为好情境。教师在创设情境的时候，尽管会综合使用多种方法、手段或素材，但要仔细推敲，是不是以音乐为载体，是不是有利于学生的主动参与、有效学习。综合必须以音乐为载体，充分运用音乐要素贯串教学始终，情境创设则必须以音乐为主体及切入点，这有利于对学生音乐能力的培养。

学习情境是课堂教学的基本要素，创设有效的学习情境也是教师的一项常规但又重要的工作，它对学生主动参与教学来说有着重要的作用。创设情境要求教师教学充满激情，从而打动学生；要求教师吃透教材，在对教材的讲述中融入自己的情感；要求教师了解学生学习的特点，教师只有在教学过程中不断探索，不断积累，才能不断提高为学生学习创设情境的能力。

（二）实践引领

1. 紧紧围绕学习目标，为学习任务的达成而创设学习情境

在学习情境的创设中，教师要有机融合师生讨论、场景模拟、节奏学习、教师演示、语言启发、学唱指导等多种方法和手段，将学习的目标与任务在自然、富有情趣的氛围和过程中予以落实。尽管形式多样、方法多变，但情境的创设不能偏离学生学习这条主线，衔接要自然、紧密，无多余、空洞、

为创设而创设之感。通过学习情境的有效创设，学生参与学习的情感能被充分唤起，可以更自然、积极、主动地投入教师创设的学习情境，从而实现教学过程的顺利、有效推进，并为最终学习任务的高质量完成打下基础。学习情境绝不是为创设而创设的，它必须依据学生发展的需要，与学习的目标、任务高度整合。

2. 贴近生活，为唤起学生的真实体验而创设学习情境

教师联系学生的生活经验，用启发想象、探究讨论、实践合作的方法与手段，可以使学生产生强烈、逼真而有效的情境体验，使学生充分感悟、理解音乐形象，并掌握音乐表现的方法，在音乐技能和能力培养上得到有效提升，从而起到“润物无声”的效果。学生在“真实”但又并不“真实”的情境中，情感能得到触发与升华。教师在情境的创设和优化过程中，随着不同问题与要求的呈现、引导，可以不断开拓学生的联想和想象空间。在听觉、想象及情感的不断融合、互相影响下，学生不仅能深度理解音乐作品，音乐能力也能得到非常扎实有效的培养。因此，在情境创设中注意贴近生活，唤起学生的真实体验，能够切实提高学生的感悟力、参与度及课堂实践的效果，最终实现学生情感和学习能力的不断生成和发展。

3. 整合教学资源，采用多种方法和途径创设学习情境

学习情境创设的来源是十分广阔的，教师要充分利用身边取之不尽的教学资源，采用多种方式和途径创设学习情境，为学生提供丰富的学习资源，促使他们的学习更有实效。教师除了创设故事化的学习情境、游戏化的训练方式、情节化的表现手法，引导学生积极参与学习活动，还应注意从以下几方面整合教学资源，以进一步丰富情境创设的手段和效果。①恰当使用多媒体技术，适时播放各种自然音响、与自然相关的资源及歌曲音乐，让学生在感受中产生体验。②合理开发、利用网络资源，按学习的需要和情境创设的目的进行采集、剪辑和编录。③精心设计和美化课堂语言，用生动的语言、深情的描述，唤起学生的生活联想和体验，引起感情上的共鸣。

创设情境的目的绝非博得学生的掌声、笑声，而应是追求知识和境界的美妙结合。教师要充分把握情境教学的作用，合理整合教学资源，不断丰富

方法途径，在成功的情境下使知识的吸附和情境的熏陶凝成一种力量，唤起学生学习音乐的兴趣，提高课堂教学的有效性。

四、提高课堂讲授能力

讲授是最古老、最传统的教学行为，是教师运用语言向学生传播知识、技能、技巧的一种方法，也是目前班级授课制下的课堂教学中最基本也是用得最多的一种教学手段。讲授中，教师依据学生提出的问题和学习需求，通过讲解帮助学生解决求知过程中的难点和重点问题，训练学生的思维能力和思维方式。讲授作为最便捷的教学方法，并不是纯粹的“填鸭”和“灌输”。讲授是重要的知识传授方式，然而必须注重“有效性”。这里的“有效”，指教师通过清晰、有效的讲授，在师生互动中点拨、引领、启发学生，起到画龙点睛的作用。如果教师充分考虑学生的原有认知结构、心理发展规律和内容的逻辑顺序，在新旧知识间建立实质性的联系，采取旁征博引、深入浅出、拓展思维的讲授法，就能充分调动学生情感、激活学生思维、开发学习潜能。这样的讲授，能成为学生有效学习的重要途径。

教师的课堂讲授能力是教师正常执行教学任务和贯彻教学思想的重要条件，是教学中最基本、最综合的一项能力，也是教师素养的重要方面。有效的讲授必须切合学生的心智，不是为讲而讲，而是为了学生的需要而讲，因此教师课堂讲授水平的高低直接关系着课堂效果的好坏。有些教师的课趣味盎然，深受学生欢迎；而有些教师的课枯燥乏味，学生根本不愿意听。究其原因不难发现，凡是上课效果好的教师都有较高的课堂讲授水平。

在实际教学中，讲授行为运用不当的现象并不鲜见：或讲授过于抽象，脱离学情；或讲授内容过于偏重知识，背离音乐学科本位；或讲授内容过于宽泛，缺乏目标意识，重难点不明；或讲授时机不当，当讲不讲，过后再讲，错失良机；或讲授条理不清，缺乏逻辑性；等等。

教师要提高讲授水平，可从以下几个方面努力：①讲授要根据不同需要和要求，运用不同的语言和方式；②讲授要有条理性，能使学生获得系统的知识技能；③讲授要清晰明了，有利于学生清楚感知教学目标，掌握教学内容；④讲授要体现科学性，遵循教学的规律和原则；⑤讲授要生动有趣，充满吸引力；⑥讲授要有激情，体现人文关怀和教师魅力。

第二节　学生有效学习与教师学习评价能力提高

教学评价主要是指对课堂教学活动过程与结果做出的一系列价值判断行为，贯串整个教学活动。实施有效教学，促进学生有效学习，离不开有效的学习评价。而学生学习的效率和效果，是与教师学习评价的能力密切相关的。课程改革以来的大量研究和实践表明，基础教育课程改革发展的攻坚战在于评价改革，而学习评价又是评价改革中最关键的领域。无论是教师评价、教学评价，还是课程评价，都要落脚于学生的学习进步与发展。而要想刻画学生学习进步与发展的真实状况，必须通过教师的学习评价来修整、完成、实现。同时，教师及时、即兴的学习评价，又可以进一步促进学生持续、后续性的有效学习，这需要教师不断提高学习评价的能力。

基于学生的有效学习，音乐教师学习评价能力的提高主要应体现在学习评价的语言水平、正确发挥学习评价各项功能的能力、灵活使用各种评价方式与工具的水平等方面，下面分别展开讨论。

一、提高学习评价的语言水平

（一）理论导航

课堂评价语言是指教师对学生学习的瞬时、即兴、即时、即地的一种评价。而评价语言的水平，直接影响着评价的效果，影响着学生后续学习的效率。在课堂上，教师的评价语言可充分反映教师的人文素养，展现教师的教育智慧。好的评价语言，得体、恰当、准确、明晰，讲究说话艺术，充满互动性，能充分激发、唤醒学生的潜能，促进学生自我主动发展。而传统的评价语言，通常用语较为草率、贫乏，过于感性，缺乏语言的智慧和技巧，显然不能很好地促进学生的有效学习。

学生的学习过程，本身是不断动态生成的过程。因此，课堂上的评价语言应该因时而异、因人而异、因发生的情况而异，教师要用智慧的语言使学生得到启发和鼓励，更积极主动地投入学习。这里的语言智慧，不是指狭义的“聪明、睿智、反应灵敏、能说会道”，而是指基于冷静、理性、平等、尊重、激励等教育教学原则的评价语言，这才是智慧的。语言能反映内心的思想，语言的视角取决于思想的视角，教师应深入学生的内心，用学生的眼睛去观察，用学生的心灵去感受，用学生的观点去思考，用最合适的语言去评价。

课堂教学中，教师对学生学习的评价方式是多种多样的，但最直接、最快捷、使用最多、影响最大的，莫过于课堂教学中的口头语言评价。可以说，语言评价在课堂学习评价中具有不可替代的地位和作用。也正因如此，教师语言水平的提高对学生学习效果的提升而言尤为重要。在一些日常听课活动中，可以清楚地感受到，平庸、贫乏的语言和丰富、智慧的语言所产生的教学效果有十分明显的差距。甚至，有部分课堂经常充斥着失当的语言评价，这很不利于教学目标的达成。

要有效发挥语言评价的正向价值，促使学生更积极地参与学习，教师必须改变传统的评价方式，注重评价语言的学习，积累评价的经验，提高评价的语言水平，充分体现评价语言的艺术性和智慧性，从而保障学生的学习进程能有效、顺利地推进。

（二）实践引领

1. 用丰富而有变化的评价语言调动学生情绪，促进学生有效学习

丰富而有变化的评价语言对学生来说有较强的吸引力与感染力，能有效激发学生的学习兴趣，引发学生的表现、创造欲望，并在师生间形成良好的情感互动，从而产生良好的教学效果。反之，如果教师只是用“真棒、还不错、再来一遍、继续、掌声鼓励”等单一、枯燥乏味的语言评价学生，很难调动学生的情绪，也无法使学生更专注地投入接下来的学习。

教师应该善于用丰富而有变化的评价语言不断调动学生参与、探究学习

的情绪，促使学生在收到不同语言形式的肯定性评价时，积极寻求改善学习效果的方向与方法。教师首先应引导学生发现歌曲音词配合的基本特点，在肯定其回答的基础上继续启发学生关注另外一些细节。在后面的歌曲练唱过程中，学生每练习一遍，教师都应用不同的语言对学生的学习情况进行评价，并在评价中对下一步学习的要求进行暗示，使学生得到启发，从而主动发现和获取知识，并展开练习。这样，学生不仅丝毫感觉不到多次重复练唱的枯燥，反而因为有了明确的目标和可行的方法，越唱越有劲头，充分体验到了演唱成功及表现艺术形象的愉悦情感。由此，教师通过丰富和有变化的评价语言，巧妙引导学生发现不足之处、主动参与学习，逐步提高了演唱效果，真正培养了学生学习音乐的能力。

2. 用幽默风趣的评价语言调节课堂气氛，促进学生有效学习

课堂教学需要幽默，它能使教学产生“妙趣横生”的效果，适时、适度的幽默能提高教学语言的品位。同样，教学评价语言中的一点儿幽默，也能对课堂教学效果起到积极的作用。

教育家最主要的也是第一位的助手是幽默。幽默的语言可让课堂妙趣横生、其乐融融，使师生共享愉悦。幽默是一种意识，也是一种能力。课堂中幽默的作用绝不只是博得学生一笑，而是促使学生在放松愉悦的氛围中深入思考，准确识记知识的特征，以及帮助学生理解、记忆和实践运用所学知识。

3. 用包含赏识和鼓励的评价语言激发自信，促进学生有效学习

没有赏识就没有教育。赏识是沟通，是平等，是生命间交往的桥梁。只有学会赏识，才能促进合作、分享愉快。在教学中，合理使用赏识和鼓励的评价语言，把学生真正当作有尊严的人来看待，以欣赏、赞美的心态尊重学生的点滴进步，适当巧妙地予以鼓励，能促使学生愈加尊重自己、欣赏自己，进而进一步增强学习的自豪感、成功感，主动求得发展和进步。

人最本质的需求之一就是得到他人的尊重和欣赏，而赏识教育是在承认学生之间客观差异的基础上对学生的肯定与鼓励。学生都有渴望成功的心理需求，成功的快乐是一种巨大的精神力量，它能使学生增强信心，产生争取更大成功的愿望。音乐教师要及时发现学生的闪光点，就像春不吝

啬风、夏不吝啬雨一样，适时、适度地表扬与鼓励学生，帮助他们进一步树立自信心。

二、提高正确发挥学习评价各项功能的能力

（一）理论导航

音乐课程评价应充分体现全面推进素质教育的精神，贯彻课程理念，着眼评价的诊断、激励与改善的功能。科学评价能帮助学生了解自己的进步，增强学生学习的信心和动力，促进课程教学质量不断提高。有效教学倡导教学与评价一体化，认为评价的实施不能脱离教学过程。也就是说，学习评价应该始终贯串教学活动的全过程。科学、合理、灵活的学习评价，能够为学生提供及时的学习反馈，激起学生学习的积极性，促进学生调整学习方法，加深学生对知识与技能的理解与运用。教师只有正确认识学习评价的各项功能，提高自己在教学实践中有效发挥各项功能的能力，才能真正做到优化教学活动,促进学生有效学习。就课堂学习评价来说,它具有以下三方面的功能。

1. 诊断与导向功能

诊断是学习评价的基本功能之一。学习评价是对学生的学习过程、学习结果及其成因的分析过程，借此可以了解学生的学习状况，判断学生整体与个体的学习基础、学习能力、学习成效等。教师可以通过评价诊断具体问题，以采取有效的对策或措施。例如，根据教学目标的设定与实际达成程度之间的差距，教师可以重新评估学生的学习基础与能力储备状况，在学生实际发展起点的基础上，设计与调整后续教学活动。再如，根据音乐知识与技能的掌握情况，依据让每一名学生获得合适发展的原则，教师可以借助评价诊断班级学生的发展差异，从而使课堂分层练习、分层指导取得更好的效果，实现“因材施教”。

学习评价同样具有导向功能。音乐课程标准中各教学领域的课程内容是学习评价的主要依据，由此制定的评价标准、内容、方式对师生教与学的活动无疑起着重要的导向作用。它可以判定教师的“教”和学生的“学”是否

偏离了正确的教学轨道，是否有效完成了课程标准及音乐教材规定的目标和任务，从而发现问题、解决问题，引导教学向正确的方向发展。

有效发挥学习评价的诊断与导向功能，及时发现问题、诊断教学症结，有助于教师及早设计、调整最适合学情的教学方法及策略，更有效地调控教学过程，取得最佳的学习效果。

2. 甄别与选拔功能

甄别与选拔是学习评价的重要功能之一。在传统意义的学习评价中，甄别与选拔的作用主要体现为对学生音乐学业的考查、评定，为班级、学校优秀学生的评选提供依据，以及选拔有一定音乐天赋与特长的少数学生开展相关重要的音乐活动或训练，从而使一小部分学生能在教师的关注下成为学校、班级的“音乐精英”“艺术人才”。在新的时代背景与课程要求下，甄别与选拔作为学习评价的重要功能被重新定位，被赋予了新的含义与价值。例如，新的评价理念下的甄别与选拔功能，既肯定和适当体现其考查、评定、选拔的基本功能，又把所有学生作为有发展潜能的生命体，突出评价的发展性，始终把激发学生学习潜能、促进持续发展作为评价的目的和功能，既要通过评价甄别学生认知领域与音乐技能的掌握情况，又要关注学生在情感、态度与价值观方面的内化现实，既要合理选拔确有天赋、特长的学生，为他们的更好成长创造条件与平台，又要为更多普通学生的健康成长考虑，反思、改进自身教学策略，探索行之有效的方法与途径。

因此，甄别与选拔的意义应更多地体现在教师对教学效率、教学质量的了解与把握上，对“以学论教”理念的反思与落实上，对“因材施教”原则的理解与实际教学掌控上。

3. 反馈与激励功能

学习评价具有重要的反馈调控功能。反馈是学习评价实施教学控制行为的主要手段或机制。它通过评价衡量和及时反馈，帮助学习主体对学习行为进行及时调控或调节，即对符合学习目标及要求的予以肯定，对偏离学习目标及要求的加以矫正，对与学习目标及要求有距离的则加以弥补完善。对教师来说，可从学习评价中获取学生对教学内容结构、教材处理、教授方法、教学语言和技能等各方面的反映，由此评估自己的教学能力和水平，以及学生的理解程度、学习习惯、心理要求等。教师通过分析、利用这些信息，可以调节和改进教学工作，从而间接增强学生的学习效果。因此，有效的评价反馈，可以帮助教师进一步了解教学目标的达成程度和教学活动中所采取的形式与方法是否有利于促进教学目标的实现。同时，反馈情况可以作为修订、调整教学目标及策略的依据。

学习评价在反馈的同时具有显著的激励改善功能。学生在发展成长的过程中，非常需要及时、合理的激励性评价。它强调发现学生的长处并加以肯定和鼓励，体现了对学生人格的尊重。而对学生学习目标达成与否的及时性评价，有助于进一步激发学生的学习动机与欲望。而每一次的学习反馈评价，既能起到信息呈示的作用，又能起到动机触发的作用。有效、合理的激励评价，可在让学生了解自己的进步、增强学习信心和动力的同时，进一步为学生的学习和发展设置更高的目标，提出更高的要求。

在实际教学中，有很多教师对以上评价功能的理解或践行把握得不正确、不合理、不到位，导致出现诊断功能严重缺失、对学习问题诊断不准确、偏离学习评价导向等情况，这就迫切要求教师进一步提高正确发挥学习评价各项功能的能力，为学生有效学习提供保障。

（二）实践引领

1. 及时发现并诊断问题，促进学生有效学习

教师通过细心观察学生的学习反应，发现问题并及时做出诊断，立即采取有效的方法帮助学生解决问题，可以提高当堂学习的质量。教师首先应引导学生哼唱歌曲，熟悉和感受旋律、节奏特点，然后视唱旋律。当学生音准、节奏等多方面出现错误时，教师应及时诊断成因。对于初次唱谱的学生来说，唱谱速度偏快，导致学生不能同步关注节奏、音程、唱名等多方面的变化。由于没有单独强调并练习节奏、节拍，学生对多种较复杂节奏的感觉是模糊、不精确的。教师诊断原因并调整训练策略后，学生的学习效果能得到明显改善。

敏锐地捕捉、发现学习中的不良情况，做出正确、及时的学情诊断，是改善学生学习效果、促进学生学习的关键与前提。

2. 树立正确评价导向，促进学生有效学习

教师设置活动的目的是激发学生音乐学习的兴趣，考验和促进学生的音乐积累。但小学生尚属“人之初”阶段，分析理解能力有限，对身边流行的东西往往会不加辨别地吸取。若在教学过程中空洞地以“大道理”说教、灌输，反而不容易被学生接受。教师为培养学生正确的音乐学习观，适时渗透人生观、价值观的教育，更为了学生的正确、合理互评，应采取先入为主、因势利导、先行明确评价导向的策略。由此可以提高学生区分美丑、明辨是非的能力，体现和发挥学习评价的正确导向作用，保证学生的相互学习、评价活动合理而有效地开展。

3. 合理甄别与选拔，促进学生有效学习

教师应结合教学内容，巧妙地给学生设置具有挑战性的练习，并以自评为主的形式进行甄别与选拔。最关键的是，在评价之后，教师应根据学生的客观能力与实际水平，安排学生分别承担演奏任务，让每个学生都能参与音乐实践，人人都能在活动中获得体验，从而得到音乐兴趣与创造欲望的激发，得到音乐能力与团队合作意识的培养。合理甄别与选拔是音乐合作活动的必要前提，既能给学生积累活动经验，又会对学生今后的音乐学习起到促进作用，还能给教师结合有效评价设计音乐活动带来很多启发。

4. 及时反馈、调控，促进学生有效学习

教师应抓住适当的时机进行有效、有法的反馈与调控，体现适时与及时的特点。适时，是指教师应在歌词唱完后再进行反馈，在有效反馈基础上合理调控学习的进程。教师不应在发现第一处问题时就立即中断学习过程，停止学生的练唱，而应继续在练习中倾听和捕捉更多问题，这既能保证活动的连续性，又有利于全面发现和反馈问题。及时，是指教师应在问题初现之时就予以反馈和解决，对学生学习的方法和进程实施合理的调整与控制，帮助学生打好学习基础，保证教学循序渐进，避免产生因错误不断累积而学习失败或效果低下的状况。否则，盲目地推进教学，会越来越偏离原先设定的教

学目标。而如果教师在后面的演唱处理过程中再来反馈、修正，带领学生走回头路，不仅不合理，而且会大大浪费有限的教学时间。

5. 合理发挥激励功能，促进学生有效学习

教师适时给予激励性评价，使师生间产生深厚的情感共鸣，这必然能显著提高学生学习的效果。教师合理发挥激励性评价的作用，提高自身激励性学习评价的能力，就能够真正落实让学生充分、主动发展的理念，更好地促进学生有效学习。

三、提高灵活使用各种评价方式与工具的水平

音乐教学目标包含情感、态度与价值观，过程与方法，知识与技能三个维度的具体目标。在学习评价的方式、方法上，要注意形成性评价与终结性评价相结合，定性述评与定量测评相结合，自评、互评及他评相结合。因此，基于促进学生不断发展的评价理念，教师在教学实践中，对学生的学习应实施多元化、多样化的评价方式，尤其应强调质性评价方法的应用。只有将质性的评价方法和量化的评价方法相结合，才可能有效、客观地描述学生全面发展的状况，并通过发挥评价的各项功能，有效促进学生学习。在实际教学中，为了获得最真实、最客观的评价效果，教师不仅要从评价目标、评价内容、评价方法、评价工具等方面进行多元化评价的探索与尝试，还要依据教学实际需要，灵活、合理、有效地使用各种评价方式与工具，不断提高使用各种评价方式与工具的能力与水平。

（一）评价方式、方法

1. 形成性评价与终结性评价相结合

形成性评价是对学生在学习过程中的情感、态度、方法、知识、技能的发展变化的评价。形成性评价在日常教学中可采用观察、谈话、提问、讨论、演唱、演奏等多种方式进行，以此了解学生的各方面水平，将学生对音乐的学习过程与方法，以及其他相关信息和资料加以记录、汇总，从而不断关注学生在发展过程中的表现，关注学生发展的各个具体环节、细节，

促进学生发展。要做到既重视学生的现在，也考虑学生的过去，更着眼于学生的未来。

终结性评价是对学生阶段性学习结果的评价，在学期、学年末进行。终结性评价主要采用聆听、演唱、演奏、综合性艺术表演等方式，根据学生各方面能力的即时呈现，用等级制进行评价，作为阶段性学习成绩的参考。

2. 定性述评与定量测评相结合

定性述评是一种描述性的质的评价，主要适用于学生在音乐学习中的情感、态度与价值观，过程与方法，以及知识与技能维度中难以具体量化的一些内容。例如，对音乐的兴趣爱好、情感反应，实践活动的参与及与他人的合作交流，音乐的听赏感知，集体合作完成的演唱演奏及创编活动，可以用较为准确的评述性文字进行定性评价。

定量测评是对不同教学领域课程内容中的水平要求进行的量化评价。定量测评适用于对音乐表现要素的认知和掌握程度，对音乐体裁形式、风格流派的分辨，聆听音乐主题说出曲名，背唱歌曲及演奏乐曲的数量，识读乐谱的程度，等等。

3. 自评、互评及他评相结合

学生的自评以描述性评价为主，重点应放在自我发展的纵向比较上。学生间的互评可采用分组才艺展示的方式，在观摩交流中相互点评。教师对学生聆听分辨音乐、现场展示所做的评价，以及在“音乐成长记录册”上写下的评语，则是他评可以选用的有效形式。

在小学生的音乐学习中，“自我评价”“相互评价”是一种极为重要的评价方式。学生通过自评、互评、他评，能够找出优势，了解不足，找到进步的因素，从而促进以后的发展。教师通过引导学生科学、合理、客观地进行自评、互评，一方面能促进学生自评、互评能力的形成与发展，另一方面可以借助评价过程让教师更全面地了解学生的状况，以采取更有效的指导策略促进学生学习。学生从过去被动接受学习评价到逐步转向主动参与学习评价，并更多地通过自评、互评促进自我发展和提高，已成为新课改以来教学活动最显著的特征之一。自评、互评、他评不仅是学习活动的重要组成部分，还可以逐步培养学生的反思意识和反思能力，自我监控的能力，相互学习、借鉴的能力，以及对学习负责任的态度。

（二）主要的评价工具

1. 纸笔测验

纸笔测验是指以书面形式为测验工具，侧重于评定学生在音乐学科知识方面学习成就高低或在认知能力方面发展强弱一种评价方式。这类评价方式包括传统的考试、教师自编测验等。

2. 行为观察与记录

观察，即在自然的教育场景下了解观察对象。观察法适用于评价那些在教学中不易被量化的行为表现（兴趣、爱好、态度、习惯与性格）和技能性的成绩（唱歌、表演等）。

3. 面谈讨论

面谈讨论是师生以口头语言问答的方式进行教学交流的方法，是音乐课堂教学中必不可少的一种评价方法。它有利于启发学生的思维活动，培养学生的独立思考能力、语言表达能力，唤起和保持学生的学习注意力和兴趣，增强学生学习的积极性、主动性、自信心。同时，可以促进师生交流，便于及时反馈教学信息，调整改进教学，活跃课堂气氛，建立双方平等和谐的师生关系。

4. 成长记录袋

成长记录袋是新课改所倡导的一种重要的质性评价方式和评价工具。成长记录袋主要收集、记录学生自己、教师或同伴做出评价的有关材料，学生的作品、反思，以及其他相关的证据、材料等，以此评价学生学习和进步的状况。成长记录袋可以说记录了学生在某一时期的一系列成长“故事”，是评价学生进步过程、努力程度、反省能力及其最终发展水平的理想方式。此外，成长记录袋的建立是教师和学生共同协作的结果，它能为学生、教师对学习过程做全面评价提供帮助。

当前，在对学生进行学习评价时，重结果、轻过程，片面采用终结性评价、定量测评等方式进行评定，评价手段匮乏、评价工具单一的情况仍然普遍存在。这就要求教师从专业能力发展角度、教学需要出发，加强评价理论的更新与充实，加深评价方式、方法的学习与领会，加强评价工具的编制与灵活运用。教师应运用科学可行的方式和工具，对音乐学习目标、内容、方法、过程和效果进行一系列的价值判断，促进学生在音乐学习方面不断发展，促进自身不断提高音乐教学水平，从而有效发挥音乐学习评价的价值，达到使学生有效学习音乐的目的。

参考文献

[1] 温韡韡，曾彦，徐莹. 民族音乐传承视角下的中小学音乐教育 [M]. 长春：吉林人民出版社，2020.

[2] 朱凯. 小学音乐教育与创新 [M]. 哈尔滨：东北林业大学出版社，2020.

[3] 龙昱冰. 多元化时代发展背景下音乐教育模式的改革 [M]. 长春：吉林大学出版社，2018.

[4] 蔡梦. 中国近现代经典音乐作品与教育实施研究 [M]. 北京：人民音乐出版社，2018.

[5] 王晓婧. 小学音乐教学理论与实践探索 [M]. 成都：成都时代出版社，2020.

[6] 匡雅玲. 小学音乐活动教学设计与实施 [M]. 南京：南京大学出版社，2020.

[7] 唐维霜，崔硕. 中小学音乐教材歌曲弹唱：第 1 册 [M]. 苏州：苏州大学出版社，2020.

[8] 骆丽丽，林宏，骆军英. 农村中小学音乐教育现状的思考与应对策略的探究 [M]. 北京：中国商务出版社，2020.

[9] 陈卫萍. 乐声、歌声与笑声：小学音乐教学的个性符号 [M]. 苏州：苏州大学出版社，2017.

[10] 张红波. 成为小学教师 [M]. 宁波：宁波出版社，2019.

[11] 谢国刚. 小学音乐教学中学生创新能力的培养与实践 [M]. 广州：世界图书出版广东有限公司，2019.

[12] 李昕昕. 奥尔夫音乐教学与应用 [M]. 北京：北京工业大学出版社，2017.

[13] 李美群，胡远慧，朱虹. 音乐专业教育研究与教学实践 [M]. 广州：暨南大学出版社，2017.

[14] 王艺蓓. 音乐教育与实践探究 [M]. 长春：吉林人民出版社，2019.

[15] 苏世奇. 音乐教育的行与思 [M]. 成都：西南交通大学出版社，2019.

[16] 韩天寿，吴霞飞. 音乐教师强化训练 [M]. 上海：上海音乐出版社，2019.

[17] 于丽. 奥尔夫音乐教学法 [M]. 西安：西北大学出版社，2019.
[18] 任志宏，单建鑫. 音乐学习论教学案例 [M]. 北京：知识产权出版社，2019.
[19] 杨柳成. 广西近代专业音乐研究 [M]. 桂林：广西师范大学出版社，2019.
[20] 田小书. 多元文化视野下的民族音乐探析 [M]. 长春：吉林大学出版社，2019.
[21] 喻意. 中小学音乐创造力教学的理论与实践 [M]. 北京：人民音乐出版社，2018.
[22] 王金华，李西媛. 基于核心素养的有效学习与学业评价策略：中小学音乐 [M]. 长春：东北师范大学出版社，2018.
[23] 郭声健，邓兰. 音乐课堂乐乐的 [M]. 广州：暨南大学出版社，2018.
[24] 杜晓十. 外国音乐教师培养概览 [M]. 北京：人民音乐出版社，2018.
[25] 李健，丁宁. 音乐基础 [M]. 沈阳：东北大学出版社，2018.
[26] 王飞宇. 音乐教师专业素质发展研究 [M]. 北京：知识产权出版社，2018.
[27] 王琳，焦艳，薛东慧. 音乐教学与思维创新 [M]. 南京：江苏凤凰美术出版社，2017.
[28] 李巧伟. 音乐教育基本理论与艺术欣赏发展研究 [M]. 西安：世界图书出版西安有限公司，2017.
[29] 吴剑锋. 音乐教学与艺术欣赏 [M]. 长春：吉林大学出版社，2017.
[30] 廖乃雄. 音乐教育学概论：下编 [M]. 北京：中央音乐学院出版社，2018.

优秀传统文化的当代传承与价值探索

宋姗姗◎著